秘密
实践版

秘密
实践版

朗达·拜恩

图书在版编目（CIP）数据

秘密：实践版 /（澳）朗达·拜恩(Rhonda Byrne) 著；顾芯宇译. — 长沙：湖南文艺出版社，2018.5（2024.1重印）

书名原文：The Secret Daily Teachings

ISBN 978-7-5404-8616-7

Ⅰ.①秘… Ⅱ.①朗… ②顾… Ⅲ.①成功心理—通俗读物 Ⅳ.①B848.4-49

中国版本图书馆CIP数据核字（2018）第053605号

著作权合同登记号：图字18-2014-132

© 中南博集天卷文化传媒有限公司。本书版权受法律保护。未经版权人许可，任何人不得以任何方式使用本书包括正文、插图、封面、版式等任何部分内容，违者将受到法律制裁。

The Secret Daily Teachings by Rhonda Byrne
Simplified Chinese Language Translation copyright ©2018 by China
South Booky Culture Media Co., Ltd.

The Secret Daily Teachings Copyright © 2008 TS Production Limited Liability Company, acting through its Luxembourg branch, TS Ltd., Luxembourg Branch. THE SECRET and THE SECRET logo are registered trademarks of TS Production Limited Liability Company, acting through its Luxembourg branch, TS Ltd., Luxembourg Branch.
www.thesecret.tv
All Rights Reserved.
Published by arrangement with the original publisher, Atria Books, a Division of Simon & Schuster, Inc.

The Secret Daily Teachings MIMI: SHIJIAN BAN

The Secret Daily Teachings 秘密：实践版

作　　者：	[澳] 朗达·拜恩
译　　者：	顾芯宇
出 版 人：	陈新文
责任编辑：	薛　健　刘诗哲
监　　制：	蔡明菲　邢越超
策划编辑：	张　攀
特约编辑：	王玉晴
营销编辑：	周　茜
版权支持：	辛　艳　张雪珂
设计支持：	张丽娜
出版发行：	湖南文艺出版社
	（长沙市雨花区东二环一段508号　邮编：410014）
网　　址：	www.hnwy.net
印　　刷：	北京中科印刷有限公司
经　　销：	新华书店
开　　本：	760mm×1194mm　1/32
字　　数：	80千字
印　　张：	12
版　　次：	2018年5月第1版
印　　次：	2024年1月第7次印刷
书　　号：	ISBN 978-7-5404-8616-7
定　　价：	59.80元

若有质量问题，请致电质量监督电话：010-59096394

团购电话：010-59320018

"当你意识到这个伟大的法则，你就会意识到自己拥有多么不可思议的力量，竟然能够把自己的生命'想'出来。"

朗达·拜恩
《秘密》

献给您

*秘*密包含了如何按照宇宙的自然法则丰富自己人生的清晰原理，对所有人而言，最重要的是**活在当下**。只有学会**活在当下**，你才能掌控自己的人生！

通过一年的学习、分析与理解，你每天所获得的智慧将帮助你遵循统治人类的法则，如此一来你就能真正成为自己人生的主宰。

愿快乐与你同在。

朗达・拜恩

第1天

$想$要迅速改变人生，就要运用感恩去调动你的能量。当你把所有的能量都用来感恩时，就会看到生命中的奇迹。

想要立刻改变，就坚持每天写下一百件心存感恩之事，直到你发现改变为止。用心**体验**感恩之情。你的力量潜藏在将感恩之情表达出来的**体验**中。

*你*内心的感受引领着你的未来。

担忧会吸引更多的担忧。焦虑会吸引更多的焦虑。痛苦会吸引更多的痛苦。不满会吸引更多的不满。

同样的……

快乐会吸引更多的快乐。幸福会吸引更多的幸福。安宁会吸引更多的安宁。感恩会吸引更多的感恩。友善会吸引更多的友善。爱会吸引更多的爱。

关键在于你*内心*的感受。想要改变自己的人生,你要做的就是转变内心的感受。是不是很简单呢?

$宇$宙每时每刻都在引领着你并与你交流。天地万物对你的想法做出回应,并通过感觉给予你极为宝贵的反馈。你的感觉是一种无形的沟通!良好的感觉意味着,**它们对你有益**。糟糕的感觉是为了引起你的注意然后转移你的关注点。

每天你都在进行这种无形的沟通。你从不孤独,哪怕一秒都没有。整个宇宙始终与你同在,一步一步地指引着你。而你要懂得聆听!

*学*会发现事物美好的一面,当你面对逆境时更要如此。我们遭遇的每件事都有助于自己成长,这意味着它们终究是对我们有利的。

向新的路线与方向调整需要新的技能和力量,而这些技能通常就是我们实现前方伟大目标所需要的。

不论身在何处，不论世事如何艰难，你都在向胜利进发。毋庸置疑。

"幸福取决于我们自己。"

亚里士多德（前384—前322）

这世上有两个字，说出来之后具有高深莫测的力量，能够彻底改变你的人生。这两个字，当你说出的时候，会带给你绝对的快乐与幸福。这两个字会创造奇迹，抹去所有的负面情绪，让你收获累累。这两个字，当你发自内心去感受它们的真正含义时，宇宙的万事万物都将听从召唤并助力于你。

在你、幸福和梦想人生之间只有一步之遥，而这两个字就是关键……

谢谢。

*境*随心转。我们经历的每件事、遇到的每个人都取决于我们的内在。世上还有比这更宏大的系统吗?

你的人生就是内在的一种反映,而你的内在始终是由自己控制的。

你是如此独特而又杰出的个体。全球几十亿人中，没有第二个你。你独一无二的存在对宇宙的运行起着至关重要的作用，因为你是这个宇宙的一部分。你看到的一切，万事万物，都无法脱离你而独立存在！

这里为大家介绍一种简单、有效的方法，通过每天运作吸引力法则，你将能积极地与世界协调一致。

轻松地坐下。留意一下自己的感觉，现在放松整个身体。接下来，进一步放松自己的身体。然后还是放松。再放松！重复这种循序渐进的放松七次，每次都尽到全力。这个过程结束之后，注意你现在的感受，看看与放松之前相比有何不同。

通过运作吸引力法则，你能更积极地与世界协调一致！

坚持，坚持，再坚持，《秘密》里的法则总有一天会成为你的第二天性。到时你会对别人的言辞产生新的认识，尤其是当他们谈论自己不期望的事情时。同时，你也会对*自己说*的话格外留神。

等你到了这个境界，就表明你正变得越来越谨慎，越来越自觉！

万事皆有因,而这个因就是我们自己。所以当你因为得不到自己想要的而觉得法则失效时,应意识到法则是每时每刻都在回应你的。你吸引到的无非就是自己想要的和不想要的。

自然法则始终有效。

"我们这一代最伟大的革命,就是发现了人类可以通过转变心态,进而改变自己的人生。"

威廉姆·詹姆斯(1842—1910)

开始质疑人生是你正在经历重大突破的信号。

人生的真谛自始至终都摆在每个人的面前,但只有那些发出质疑的人才能获得答案,发现真相。当我们带着迫切想知道答案的心情,去提出疑问,答案就会以我们所能明白的形式展现。

要知道人生的答案,你就必须开始提问。

*爱*是我们所拥有的最强大的力量，它通过吸引力法则进行运作。感受到的爱越多，我们就越强大。感受到的无私之爱越多，我们的力量就越深不可测。

吸引力法则被称为爱的法则，因为法则本身就是赐予人类的爱的礼物。正是因为它，我们才能为自己创造非凡的人生。

感受到的爱越多，我们就拥有越强大的力量去创造充满爱、快乐与和谐的传奇人生。

和谐融入世界是一种什么感觉?

这种感觉如同漂浮在水上一般。如果你焦虑不安,或者做出反抗,就会沉下去。如果你顺应水的安排,那水就会让你漂起来。就是这种感觉,而它也是你融入这个世界的方式。

让我们放弃抵挡顺其自然吧!

根据吸引力法则，消除疾病的方法不是与其做斗争。如果你决定要与疾病做斗争，那么你的焦点就会放在如何战胜疾病上，我们关注什么就会吸引什么。所以，还是让医生操心你的病吧，你只要关心健康就好。

要多思考健康。要多讨论健康。并且想象自己身强体壮的美好画面。

*想*要通过金钱改变自己的现状,你所能做的最大努力之一就是把自己获得的百分之十捐赠出去。我们把它称为崇高的奉献法则,这是能给你带来更多财富的最伟大的行动。

为什么你总能看到那些质量上乘的车被主人保养得又干净又整洁，而老车里边却总是又脏又乱呢？

差别就在于对车的欣赏。

欣赏你所拥有的才能得到你想要的。

这就是为什么那些人总能拥有更好的车。

"绝对不要强迫别人做出改变,让他们按照自己的意愿自然有序地变化;而且,当他们觉得你的改变有价值时就会自然而然地也想要改变自己。"

"激发别人产生改善的欲望是非常高尚的,不过你只能在不干涉他人并完善自己的情况下才能达到目的。"

克里斯丁·迪·拉森(1874—1962)
《掌控自我》

每个消极的事物里都隐藏着美好的一面。如果我们能去其糟粕，取其精华，那么就能化消极为积极。大多数人将美好拒之千里是因为他们给某些事物贴上了坏的标签，然后，理所当然地，这些所谓的坏就变成了现实。然而宇宙中根本没有坏，只是我们缺乏从更高层次辨析事物的能力。

和平源自对世界只有美好存在的认知。

*你*和吸引力法则是合作伙伴的关系,你正是通过这种关系创造自己的人生。每个人与吸引力法则之间都有独一无二的合作关系。你有自己的运作方式,别人也同样如此。你不能把吸引力法则强加在他人身上,*违背他人的意愿*。当你想到这一点,应该庆幸吸引力法则是如此运作的。否则,任何人都能在你的人生中创造你并不想要的东西。

你通过自己的想法和感受进行创造,只有你自己才能产生属于自己的想法或感受。

*如*果你有朋友正在经历磨难，帮助他们的同时要确保*自己*能保持快乐。你的良好感受能帮助他们积极面对困难。你也可以引导他们谈论自己想要的东西。如果他们偏离正题开始讨论自己不想要的东西时，就温和地将话题转回到想要的东西上去。你还可以用一种雨过天晴的口吻和他们对话，建议他们想象走出困境后的情形。

你要主导你们之间的对话，帮助他们与宇宙的频率协调一致。

*你*可以改变人生的道路从黑暗走向光明或从消极走向积极。每次你把焦点放在积极的一面就能为自己的人生带来更多光明，而且你很清楚这道光能驱散所有的黑暗。感恩、爱、友善的思想、言语、行动，都能带来光明，消除黑暗。

用积极之光填满你的人生吧！

当你开始刻意控制自己的时候（凭借思维和感觉），就会发现人生充满了起伏，而你自己也疲于奔命。这个阶段实在太短暂，你根本不可能有时间理性地分析现状，你只期望速度更快，因而不停向上攀登。

欲速则不达，不是吗？只要下定决心就能实现目标。不必急于一时。

"有一种观点认为，不论何种形式的巨大财富，它们都能给人带来满足或快乐，这其实是一种误解。没有任何人、地点、事物能给你带来真正的快乐。它们或许是让你感到快乐和满足的原因，但生活的乐趣是源自内心的。"

吉纳维芙·贝伦德（1881—1960）

《你的无形力量》

AS ABOVE SO BELOW AS WITHIN SO WITHOUT

为了创造明天，请在入睡前躺在床上回顾今天，感恩所有美好的时刻。如果你希望有些事情能以不同的方式发生，就在脑海中按照自己的意愿回放。在入睡之际，对自己说："我会睡一个安稳觉并精力充沛地醒来。明天将是我人生中最美好的一天。"

晚安！

谈到恋爱关系，人们往往认为自己爱的人是特定的。但当你再细想时，就会发现其实所谓特定的对象并非他们想要的。他们真正想要的只是和自己的完美对象无比幸福地生活在一起。可是，他们依然试着想告诉上苍自己的另一半应该是**谁**。如果上苍没有回应，那么一切就很明朗了："上苍已经告诉你，你过于理想的幸福与快乐无法从这段关系中获得。"

难道我们比上苍更能洞悉这世间的一切？

*地*球和人类需要你。这份需要,是你存在的理由。

第30天

*你*拥有控制一切的能力。以下便是你赶走消极想法的良策：

"走开！我这里容不下你。我无所畏惧。我内心只有正面积极的想法。"

这话再准确不过了。

从出生那一刻起，你的人生旅途上一直都有个伴侣。这个无形的伴侣拥有不可思议的人脉，以及数不胜数的方法，帮助你实现梦想。时间不是障碍，大小不是问题，空间对于你的伴侣而言是不存在的。你的伴侣可以为你做任何事。

而你要做的只是遵循宇宙的法则。发出请求，在你求助的时候，真心相信自己想要的东西已经归你所有。

想象一下——整个宇宙都在为你而战！

*你*是否知道如果你的人生没有发生转变,你将不复存在?我们的宇宙以及万事万物都在不停变化,因为宇宙是由能量组成的。只有不断地改变才能产生能量。一旦能量停止转化,那整个宇宙和所有的生命都会消失。

我们的人生亦是如此,所以必须持续发生转变。你无法停止这一切,也不会想要停止这一切。能量的转变性赋予了我们人生。它让人生得以发展,让我们得以成长。

*存*善念。

说善言。

行善事。

三个步骤能给你带来超乎想象的益处。

"诸法意先导。意主意造作。若以清净意。或语或行业。是则乐随彼。如影不离形。"

佛陀（前565—前486）

吸引力法则是客观的。它就像打印机一样。这个法则反映出你每时每刻的想法和感受,然后把这些原原本本地还给你——从而塑造你的人生。因此你要改变自己的整个世界简直易如反掌。

想改变外在世界你只需改变自己的思考方式和感觉,吸引力法则会相应地做出变动。

想改变人生,我们就必须在某个时刻决定自己要与快乐为伴,而不是继续受苦。唯一的办法就是寻找一切可以令自己感恩的事物,无论是什么。

当我们开始将焦点放在事物美好光明的一面时,吸引力法则会对我们全新的思想做出回应。美好的事物开始显现,然后越来越多……

我们完全可以自由选择想要的东西。选择权在你手里,由你决定如何行使自己的权力。

想从今天开始就过得更快乐,或者等到明天再说。

觉得哪个更好?你自己选择。

*你*对人生中的一切心存感激非常重要。许多人只专注于自己还没得到的并对已经拥有的不屑一顾。没有感恩的心,你就无法运用吸引力法则获取任何事物,因为如果一个人不懂得感恩,那他就是个不值得怜悯的人。要积极主动地感恩以获取自己想要的东西。

*愿*景板是帮助你在脑海里勾画自己愿望的工具。当你看着这块板的时候心里就留下了渴求的印记。你专注于愿景板时,感官和内心的积极感受也会被唤醒。如此一来你就能让创造的两大要素——你的思维和感觉充分运作起来。

*爱*因斯坦曾告诉我们时间只是一种假象。当你理解并接受没有时间的概念之后，你就会发现自己将来想要的一切其实早已存在。这就是为什么在你写下、想象或谈论自己的愿望时，应该用现在时。让你的愿望在自己的脑海中、内心深处和身体里发光发亮吧，现在就清晰可见。

"在这个世界上没有谁比那些给他人减轻生活重担的人更值得珍惜了。"

无名氏

第42天

你的一生都在运用《秘密》——每时每刻都不停歇。不管是否得到自己想要的你都无法抛弃它。每个人、每件事、每个情境——在每一天之中——都是通过吸引力法则的运作来到你的身边。

*想*象的关键是让画面在你的脑中不断地发生变化，而你自己也要在画面中不停地移动。如果你能使画面像电影一样动起来，那么就能迅速掌握想象的技巧。倘若画面是静止的，想要在脑海中留下它就会困难得多。

做一个不停地想象的人吧，这样你的大脑就没时间考虑别的事情了。

当 你开始有意进行创作时，同一时间只专注于一件事会比较好。通过练习你能拥有强大的力量来控制自己的精力，之后就能做到一心几用。

想象你的大脑是被阳光穿透的放大镜。当你把放大镜固定于一个点时，就能生出一团火。就像放大镜和太阳的关系一样，你的大脑和宇宙也是如此运作的。

如果你刚开始运用《秘密》的法则，我的建议是先专注于内在的频率。明确自己想要什么，然后**改善**你的内在。通过思维和感觉来**提升**自身的频率。

把你的频率和宇宙频率协调一致，因为宇宙的频率是如此至善纯粹！

如果你想获得更多的财富,就把自己要买的东西列出来,然后沉浸在对这些东西的想象里并体会已然拥有的感觉。想象自己正和所爱的人一起分享并体味他们的幸福。

现在你就是在创造!

*憎*恨是没有力量的。憎恨仅仅是缺乏爱的一种表现，就如同黑暗是因为没有光明一样。贫穷是因为缺乏财富，疾病是因为缺乏健康，悲伤是因为缺乏欢乐。所有的负面事物皆是因为*缺少某些正面的东西*。

能了解这一点，真是太好了。

"人生的目标在于自我发展。我们在此的目的,就是彻底了解一个人的本质。"

奥斯卡·王尔德(1854—1900)

《道林·格雷的画像》

*花*一些时间思考一下每天你从大自然获取的赖以生存的一切。而大自然从未向你索要过任何回报。

这是真正的给予。

毫无疑问当你为他人着想而运用吸引力法则时，就会获得强大的力量。然而，这一法则也适用于你，你会因此过上充实的生活。只有当你的人生足够充实才能付出更多。

你的痛苦与不幸于这个世界并无益处。然而，你的快乐和充实的人生却推动着这个世界前进。

如果你时刻充满幻想却什么也没得到,那就意味着你正无意识地以某种强大的方式忽略自己的目的。你在思考什么?谈论的是什么?采取了什么行动?如果你不确定,就请求吸引力法则,它会向你清楚地展示到底是哪一步做错了。

*你*若是希望别人欣赏你所做的一切，那么就要先懂得欣赏和赞扬别人。

倘若你发现别人的缺点，那么别人也会发现你的缺点。如果你评判别人，那么别人也会评判你。要是你欣赏别人，那么别人也会欣赏你。你要先具备这种品质，才能获得别人的欣赏。

整个世界和你人生中的每一个细节都彰显了你的内在频率。这种频率每时每刻都在通过你见过的人、情境、事件来向你传达信息。

人生就是你内心的映照。

第54天

凡是把别人往坏处想的人自己也会受到负面情绪的影响。多少人对你有负面评价无关紧要。如果你很快乐，那些负面评价就不会影响到你，因为你和那些人的频率是不一样的。相反，所有的消极情绪都会反射到评价的人本身。

没有人能用他的负面情绪影响我们的生活，除非我们自己降低自身的频率让别人乘虚而入。

"我们每时每刻都在传达自己或强烈或温和的思想,并且获得这些思想的反馈。我们的意识波动不仅影响自己和他人,还在汲取力量——意识波动将思想、事物、状况、人、'幸运'吸引过来,而这些也正是我们最想要的。"

威廉姆·沃克·阿特金森

(1862—1932)

《思想频率》

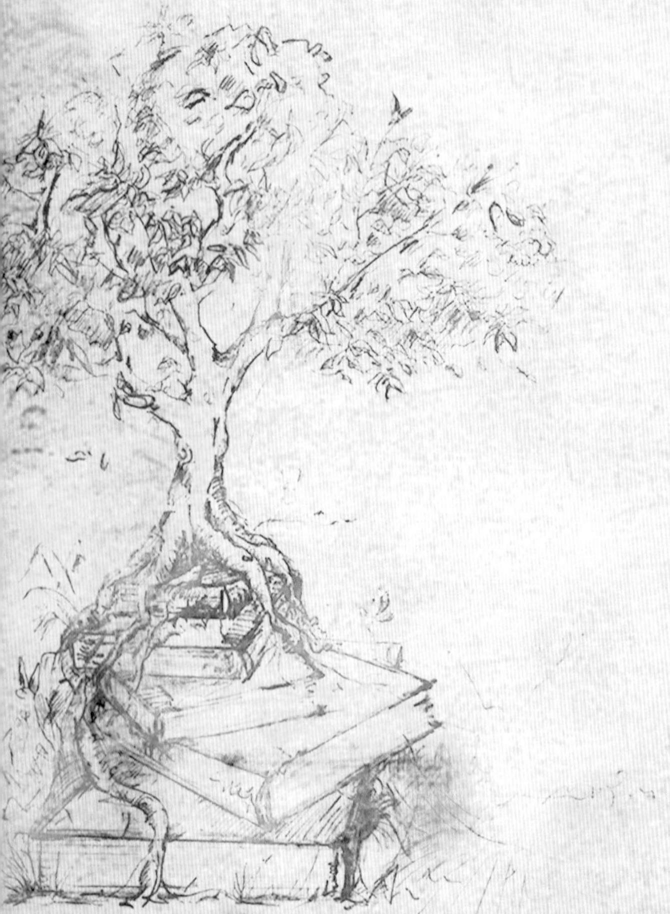

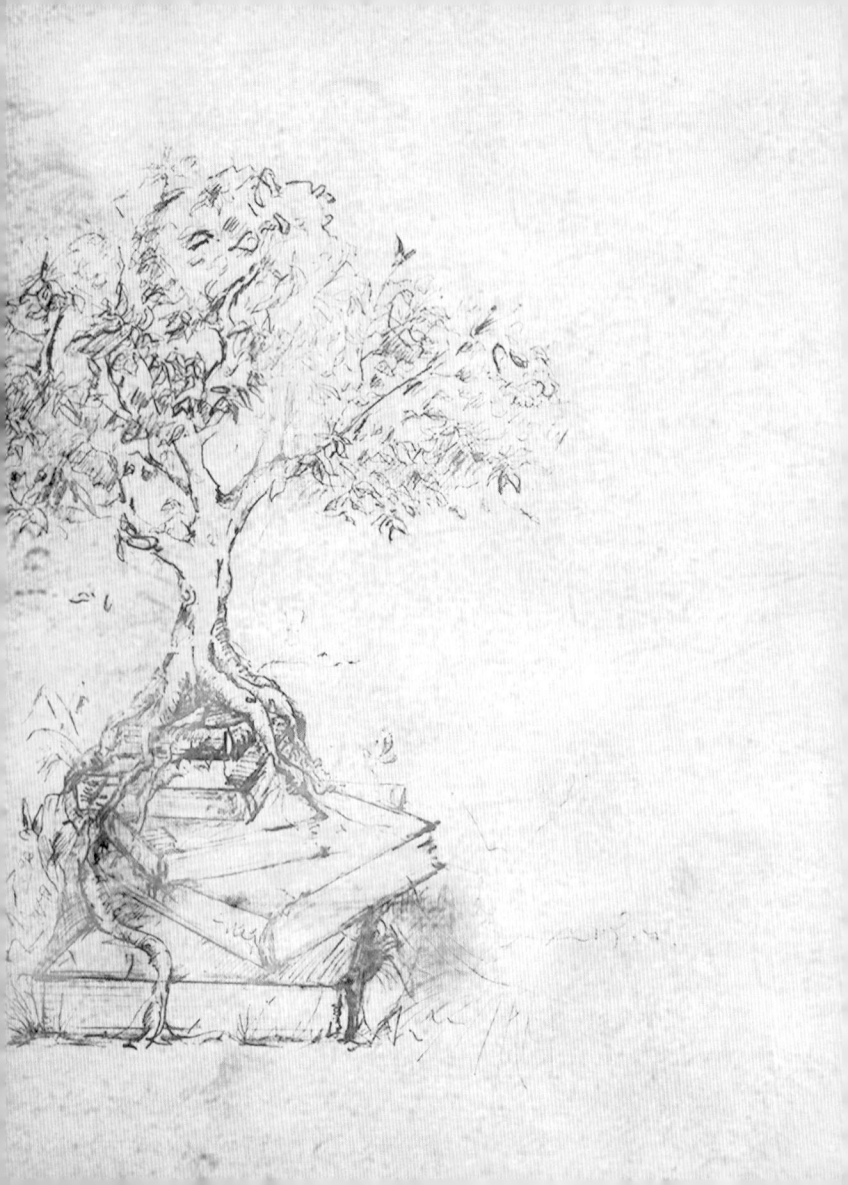

*想*体会深切的感激之情，需要静静地坐下，列举出自己感恩的事物。持续书写这一列表直到你泪如泉涌。当泪水夺眶而出，你的内心就会体验到最美好的感受。这种感受是真正的感恩。一旦你体会到了就懂得如何为自己重新创造这种感觉。

你会想在一天内尽可能多地重复这种因感恩而产生的强烈感受。短期内它将变为你身体的直觉，你会在不经意间就想这样行动。

通过练习你能做到这一点。

请求，相信，接收——简简单单三部曲就能创造自己想要的人生。不过，第二步*相信*往往是最为困难的，可它又是你要跨出的最重要的一步。*相信*意味着坚定不移。*相信*代表着绝不动摇。*相信*是绝对的信仰。*相信*是不论外界如何变化，我自岿然不动。

当你掌握了*相信*，你就掌握了人生。

你是否知道当你拼命想搞清自己的愿望将"如何"发生时，其实你正在远离它？当你寻找"如何"实现愿望的方法时，你就是在向宇宙传递你根本没有愿望的信息。如果连你自己都无法发出准确的频率，那宇宙又怎么可能找到你的信号去实现你的愿望呢？

你 就是宇宙的传送中心。每时每刻你都在发送和接收频率。想要创造愿望，你必须将自己的愿望完整地发送出去，要做到这一点你必须铭记已然显现的愿望。

但如果你开始觉得自己的愿望并不在此，并产生怀疑，那么传送就被中断了。宇宙会停止你之前的信号，转而接收新的你没有愿望的信号。宇宙会以一贯的方式向你反馈，而你接收到的信息就是：我的愿望不在这儿！

你该做的就是调整自己的频率并*明确*自己的愿望，这样一来宇宙就能帮助你实现它。

宇宙能用数不清的方式助你梦想成真，而且我向你保证只要你从内心发出梦想的频率，那么它将以一种出乎意料的方式出现在这个世界上。

勾画自己的梦想就好，剩下的就交给宇宙吧。

我是如何利用《秘密》来摘掉老花镜的呢？

　　我先提出这个请求，然后想象自己不戴眼镜的样子。三天之内，我的视力就变得清晰了。我并未留意整个过程花了三天的时间，因为我**知道**自己在许愿的那一刻就已经实现了愿望。如果我留意了这三天，那么我就会发现愿望还没实现。但我是百分百相信并**知道**愿望已然实现。我拥有绝对的信念。我可以轻松地说自己花了三天的时间发现视力好转了。这是真的，因为我在许愿的时候就已经知道愿望会实现，不论怎样我都没有丝毫的动摇。出于这种认知，我的视力在三天内就得以好转。

"如果人们日子过得好,那么这个时代就是好时代。我们好,时代就好。"

奥古斯丁（354—430）

除非我们懂得对已经拥有的心存感恩，否则就再也得不到任何东西。事实上，如果一个人对万物都心怀感恩，那么他就不会再提出任何请求，因为他在请求之前就已经被赐予了。

这就是感恩的力量。

你 所要做的就是请求和相信，然后调整好自己的频率准备接受美好的事物。你无须再做其他任何事情。宇宙会接手之后的工作，运转包括你在内的世间万物。

只要你提出请求并相信，那么你就不会成为宇宙自行运作的阻碍。

根本不必担心负面情绪,也不要尝试控制它们。你需要做的就是每天积极向上。尽可能多地培养正面情绪。如此一来越来越多的正面情绪会接踵而至,所有的负面情绪将一扫而空。

想要让宇宙帮助你过上更好更快乐的生活,你需要不时地观察自己的周围并对那些美好的事物心存感恩。发现美好并知足常乐。不满的情绪不会为你带来理想的生活。它们只会令你停滞不前,而感恩能让你感觉越来越幸福。

记住,你就是一块磁铁!只有感恩才能吸引感恩!

当重大能量转变影响我们的人生时，我们往往认为那是"不好"的并为此伤感，抵触这种变化。然而，条条大路通罗马啊。

浩瀚宇宙中从来都不是只有一条路可以走，不论发生什么，总会有办法能让你摆脱目前的处境。面对人生中的各种问题有两种处理方式，是积极进取抑或消极面对，只有**你**能做出这关键的选择。

在 你希望人生幸福美满时，不要只为自己考虑，而要为所有人着想。想要遇到更美好的事物也是如此，不光要顾及自己，更要顾及所有人。你当然可以索取财富和健康，但也别忘了去给予其他人。

想象一下如果六十亿人都为你争取这些会是一番怎样的情景？

"心念至纯,则万物皆纯。"

佛陀（前565—前486）

*想*要明白自己是如何在无意识的情况下进行思考的，就请停下来，闭上眼睛，十秒内什么也别想。

如果这样你还是会产生想法，那就说明你是在进行无意识的思考。如果连十秒你都控制不了，你能想象一天之内所产生的想法会有多少？

你可以改变这一切并控制自己的想法。需要做的就是练习十秒不思考。不久之后你就能在十秒的时间内停止思考，然后是十五秒，三十秒，甚至更久，持续不断地训练直到你能完全控制自己的大脑。届时你会感受到难以形容的祥和，同时你也掌控了吸引力法则。尽情去想象吧！

如果你的振动频率中带有"需要金钱"的信息,那么就会不停地吸引缺钱的频率。即便目前缺乏金钱,你也要找到方法让自己**现在**就幸福起来,**现在**就感觉良好,**现在**就变得快乐,因为这些美妙的感受就是你*拥有*钱财之后所能体会到的。

财富无法带来快乐,但快乐却能带来财富。

如果迄今为止你的人生都很完美，所有的事情都朝着你期望的方向发展，那么你可能没有改变人生的坚定决心和强烈愿望。似乎只有在遇到"不幸"时我们才会产生改变人生的强烈愿望。这股油然而生的意愿犹如魅力之火，十分强大。

要对所有能激发自己愿望的事物充满感激之情，因为这团愿望之火能带给你力量和决心，*你将因而改变自己的一生。*

你 说的每句话都带有一定的频率，一旦你开口，这些话就会被释放到宇宙中。吸引力法则会对所有的频率做出反应，所以它也会回应你所说的话。当你使用强烈的词语，例如"可怕""令人震惊"以及"骇人听闻"来形容任何情况时，你所发出的是强烈的频率，那么吸引力法则就会给予相应的回复。

吸引力法则是客观的，它不过是匹配你所发出的频率。现在你明白表达强烈的愿望去阐释什么是你*想要*什么非你*想要*的重要性了吧？

现在就想象一下已经实现愿望的感觉吧,保持这种感觉。那将是世上最美妙的感受。随着你的练习,这种感觉会越发强烈。你会感到自己已然拥有了想要的东西。而当你有这种体会时,吸引力法则会做出回应。

请记住,吸引力法则每次都会应验,从来不会令你失望。

童年时期你爱玩过家家游戏，还记得你是如何被自己的幻想说服的吗？这就是你在想要得到什么的情况下必须做的。你要偷偷地，在自己内心深处，幻想自己已然拥有了一切。比如，你想要朋友，就幻想或者假装那些出色的朋友就在你身边。

一旦你通过想象和感觉扭转局势，让自己拥有出色的朋友的感觉比孤身一人的感觉*更强烈*，你就真的会交到很棒的朋友。

这套简易的方法适用于任何情况。

"人之所以为人是因为他有信仰。"

安东·契诃夫（1860—1904）

《安东·契科夫的笔记》

*想*要在掌握吸引力法则上有所进步,你就要通过学习找出最适合自己的方法并不断练习。

每一天你都能通过周围所发生的事情了解到自己的想法。你的整个世界如同一部电影,向你展现何去何从。你并非身处黑暗之中,因为你会收获反馈。你要从这些反馈中学习。观察什么东西来得容易,并思考究竟做了什么使得自己轻易得到了这些东西。

了解自我,你才能掌握吸引力法则。

我们的自然状态就是快乐。产生负面的想法、消极的语言和痛苦的感觉是需要花费大量精力的。获得快乐最简单的方式就是存善念，说善言，行善事。

不妨试一下吧。

上千年以前的古代智慧为我们揭示了感恩的真谛。所有的宗教都倡导感恩。世上所有的智者与救世主都教导人们要懂得感恩。伟人通过实际行动告诉我们如何感恩,而他们成了历史长河中耀眼的光芒。

爱因斯坦肯定就是因为这一点才每天说上百次的"谢谢"!

吸引力法则如同一台巨大的打印机，毫无偏差地反映出你的思想和感觉。如果你不希望看到的事情发生了，那么肯定是你在绝大多数情况下没有留意自己的想法或感受。要时刻觉察自己的感受，这样你才能停下来并做出改变。那么你该怎么做呢？就是思考能让自己感觉舒服的事情。

请记住你无法同时做到心态积极但却感觉糟糕，因为感觉就是思想的产物。

宣誓的有效性完全取决于你对誓言的信任程度。如果你根本不相信，那么誓言只是毫无力量的语言罢了。信念能为你的誓言注入力量。

不论是什么，只要你相信自己所说的，就会创造奇迹。

"你运用的每个字中都有一个强大的微生物,它能按照语言指示的方向扩大并展现自身,最终形成肢体语言。比如,你想要快乐。暗中重复'快乐'这个词,不要间断且内心坚定,就会产生频率。而这种频率会令'快乐'这一微生物开始扩展并得以显现,直到你整个人充满了喜悦之情。这不是幻想,而是事实。"

吉纳维芙·贝伦德(1881—1960)

《你的无形力量》

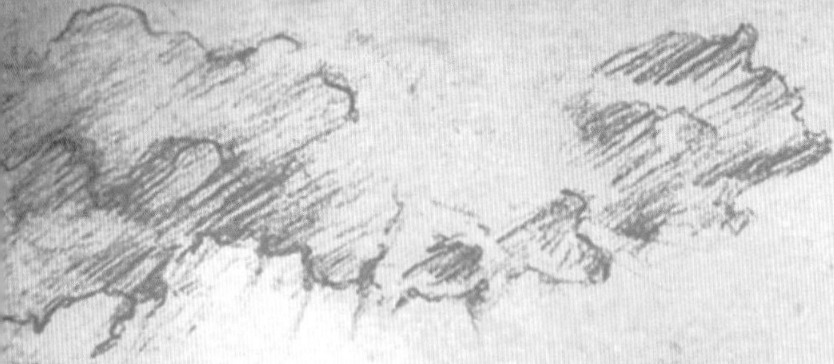

不论何时，只要你能想起来，就对自己说"**我很快乐**"。只要你喜欢，一天可以说上几百遍。说的频率要高，但要注意你的速度，要非常非常慢，一个字一个字地强调。**我——很——快——乐**。说的同时感受这些字的意义，尽可能地体验快乐。在每一天创造这种感觉。你将会越来越快乐。

感受自己内心的快乐而不要被外界影响，如此一来你就能扭转局势。

快乐吸引快乐。

*把*你认识的每个人身上的优点都写下来。接着把自己所有的闪光点都列举出来。不论你去往何处都要时刻称赞别人。赞扬你所看到的每样东西。让自己成为一缕阳光,照亮每个人的生活。把"谢谢"常挂在嘴边。走路、说话、思考,懂得欣赏与感激。

一旦你这么做了,你的外在生活就会发生改变,并映照出你的内心。

吸引力法则是绝对可靠的，每个人都能得到自己请求的东西，尽管大多数情况下人们没有意识到自己请求的*并非*自己想要的。吸引力法则有种极致的美，它有求必应并每时每刻都在奉献。正因如此，我们才得以体验人生。

吸引力法则从不改变——我们必须学会适应这一法则。这也是每个人所面临的最大挑战。

你可以让自己过上天堂般的生活，但唯一的方法就是先改变自己的内心。除此之外别无他法。

你是因，人生便是果。

*当*你把焦点放在别人已经存在的问题上，那么就帮不了他们或自己，因为你们都把能量加在了问题上。同时你们还将面对更多"类似"的问题。

既然如此，关注彼此都想要的对双方来说就显得尤为重要。应该鼓励有问题的一方谈论自己想要的，发生问题并非他们所愿。当一个人开始思考或谈论自己不想要的东西时问题就产生了，所以必须终止这一连锁反应。帮助并鼓励身边的人说出自己的愿望，这才是万无一失的解决方案。

消极思想并不代表你本人。你真正的本性是美好善良的。因此，如果你不小心产生了消极的想法，就告诉自己："这些想法并不是我的，它们与我无关。我很好，对自己和他人内心只有积极的想法。"

这才是真相！

这里为大家介绍一种停止消极思考的方法：用心去思考。深呼吸，把焦点放在你的心上。集中精神感受心里的那份爱。慢慢地吐气，把焦点始终放在你的心上。重复这个过程七次。

如果做对了，你的身心会焕然一新。你会觉得更平静、更轻盈，所有的消极想法将会烟消云散。

"除了思想之外,没有任何东西在我们的绝对掌控之中。"

勒内·笛卡儿（1596—1650）

*请*牢记，只有思想和感受相结合，你才能运用吸引力法则进行创造，两者缺一不可。还要记得你的感受是所有频率的总和，它告诉你自己此刻正在创造什么。

你现在感觉如何？觉得好些了吗？尽力让自己的感觉好起来吧。

每次驾车出行前借助宇宙的力量幻想此行畅通无阻,你就会觉得轻松快乐,而且能准时抵达目的地。

祝出行愉快!

*将*平等交换的法则融入你的人生就是在与吸引力法则为伴。

不论工作还是私事都要确保自己遵守公平交换的原则。生意场上，你要比收益付出更多的价值。私生活中，你要学会礼尚往来。如果你在需要的时候得到了别人的帮助，那么就要在别人需要时，去帮助他们。所有的帮助都来自浩瀚的宇宙，因此当你给予回馈的时候其实是在回馈宇宙。

这就是公平的生活，也是吸引力法则相伴左右的人生。

你的人生掌握在你自己手中，但你必须学会控制自己的思维。所有的恐惧、失败、疑惑都是你被**思维**控制的结果。它占据了主导位置，而你则成为不受约束的消极思想的奴隶和受害者。道理就是这么简单。控制你的思维，每天注意自己的思想，一点一点地制约它。

一旦产生了消极的想法，就立刻把它清除掉，坚决不让这类想法扎根于你的大脑中。多产生一些积极的想法，慢慢地它们就会不请自来。

想要保持平静，你要做的就是每天花点时间坐下来，闭上眼睛观察自己的思想。不要抵触，静静地观察就好。当你留意自己的想法时，它们就会消失。通过每天的训练你会越来越娴熟。大脑会放空五秒，然后十秒，再然后二十秒。

当你意图控制自己的大脑时，只需去想象自己拥有创造梦想所需的巨大能量。

*时*刻谨记你的感受一直在*监控*你的想法。它会提示你目前的想法是好是坏。如果你越来越留意自己的感受,那就说明你对自己产生何种想法越来越谨慎。感觉在不停地给你发电报。

请聆听自己的感受!

"万物起源于思想,你所寻找的身外之物,其实都已经在你手中。不是万物引发了你的思想,而是你的思想造就了万物。"

吉纳维芙·贝伦德(1881—1960)

《你的无形力量》

$\mathcal{F}$ 论你做什么事都不是孤身一人，除非你认为自己孑然一身，这对任何人而言都是种可怕的想法。当你了解到自己所拥有的宇宙的能量能对每个念头做出回应，随时准备帮助自己实现梦想时，所有的恐惧都会烟消云散。

你拥有最强大的联盟，它无所不能。没有任何事物能阻挡它——你要做的只是相信宇宙的力量。

你 知道，我们的自然状态是快乐，否则我们的感觉会很糟糕。因此如果快乐是你真实的本性，那么你是否明白产生负面情绪相对于快乐而言需要消耗更多的能量？

让吸引力法则为你效劳的另一个简单方法是：

每晚入睡前，你在脑中回放当天所有美好的时光，由衷地感激每个时刻。并想象第二天依然如此，一切将会是那么美妙，充满了爱与欢乐，所有美好的事物都会降临到你的头上。把这一天看作人生中最棒的一天。第二天起床**之前**重复一遍这个过程，把心中深深的谢意表达出来，仿佛你已经美梦成真。

"如果"这个词是一种很强的怀疑频率。当你思考或者谈论自己的梦想时,记得把"如果"去掉。你是否察觉加上了"如果"就表明你并不相信自己已然梦想成真?

吸引力法则无法在你心存疑虑使用"如果"的状况下助你实现愿望。在你思考和谈论愿望的时候只用一个字"当","当它发生时""当我这么做时""当我在那里时""当这天来临时""当我得到时"。**当,当,当!**

不管你是否了解，今天你就在向宇宙预订明天。你今天的主导思想和感受就是在创造一种频率，而这种频率自动决定了你明天的生活。

从现在开始就让自己的感觉好起来吧，这样你的明天才会妙不可言。

你 必须现在就快乐起来，通过吸引力法则为自己的人生注入快乐的源泉。这是一套简单的公式。快乐吸引快乐。然而人们为自己的不快乐寻找了太多的借口。债务的借口，健康的借口，人际关系的借口，人们运用各种借口为自己开脱。而这个公式就是法则。

不论借口是什么，除非你能在不使用公式的情况下开始感到快乐，否则就无法吸引快乐。吸引力法则就是要传递这样一个信息，"马上快乐起来，只要你一直这么做，我就会给予你无限的快乐。"

"人类是被我们称为'宇宙'的这个整体的一部分,受到时间和空间的限制。人类依靠自身体验一切,其思维和感情似乎与宇宙的其他部分无关——这种错觉源自人类的意识。这种错觉对我们而言无异于一种束缚,将我们囚禁在自我的欲望以及与身边关系密切之人的情感中。我们必须扩大自己怜悯的范围,去拥抱世间万物并体会大自然之美,从而挣脱只注重自我这样的枷锁。当然没有人能够完全做到这一点,但是努力实现目标本身就是解放自我,而这也将成为内心安定的基石。"

阿尔伯特 · 爱因斯坦 (1879—1955)

在20世纪90年代，艾米尔·库艾（法国的一位心理学家兼药剂师）是运用积极思想帮助治疗这一研究领域的先锋。他的成功疗法中的一部分涉及简单的日常感恩，对病人进行有意识的自我暗示："每一天，我的状态，都在不断地改善。"这不仅仅是对健康的有力宣言，从字面上看，它也是对人生各个方面的有力声明。

当你宣读这份誓言时，请全身心地投入并缓慢地念出每个字。正是我们给予了这些字强大的力量。

想象自己正在通过写邮件的方式将自己的愿望告诉宇宙。当你觉得邮件内容很清楚时，点击"**发送**"键后你的请求就去了太空。你也明白**宇宙服务器**是一个自动的系统，它不会对请求提出质疑。它的任务就是完成每个请求。

如果你开始担心并紧张自己的愿望无法实现，那么宇宙就接收到了另一封邮件，停止传送你之前所要求的东西。然后你就纳闷为什么自己的愿望没有实现。

一旦你**开口**，知道**宇宙服务器**是万无一失的自动系统，那就等着它回复你的请求吧。

这里为大家介绍吸引力法则最有效的使用方式的一种。这项训练就是三十天的大量付出。

连续三十天，不停给予。你要把快乐、微笑、暖人心脾的话语、爱、感激和赞美给予你遇到的每一个人，包括陌生人、朋友和家人。由衷地表达自己的心意，每时每刻尽自己最大的努力，用善意的思想和语言改善每个人的一天，并把这些当作自己的使命。

当你尽全力行善时，其他人也会以惊人的速度回报你。

一旦你了解了吸引力法则,你就能通过倾听自己的方式最有效地发掘自我。

当你以绝对的口吻陈述某件事时,就会意识到自己真的对此深信不疑,而这种信念就在创造你深信的一切。如果听过自己的言语并发现所说的不是自己想要的,立刻进行调整,重新组织语句表达自己想要的东西。你会了解到很多自己的过往经历以及你在聆听自己言谈之后所创造的一切。随着你注意自己的言辞并及时改正,你的未来将会焕然一新!

失望的消极感受会让你远离梦想。要将失望转化为积极的感受，就要思考并扪心自问，"**当**梦想实现时我将会……"你可自行填充内容。

这是令自己拥有信念的绝佳方式，而信念就是你的愿望。

我向自己保证……

要变得无比坚强,不让任何事物扰乱我内心的宁静。

和自己遇到的每个人谈论健康、幸福与美好的前景。

令所有的朋友都感受到他们自身的价值。

凡事看到光明的一面并让自己变得积极乐观。

只让最美好的存于脑海,只为最美好的而奋斗,只期待着最美好的结局。

要像对待自己的成功那样为他人的成功欢欣鼓舞。

不拘泥于曾经犯下的错误,只着眼于将来的远大成就。

任何时候都表现得积极阳光，对宇宙中的任何生物都不吝惜自己的微笑。

花大量的时间提高自我，如此便无暇去批评别人。

足够豁达则少忧虑，精神高贵则不易发怒，内心坚强则无所畏惧，心态开朗则麻烦远离。

用行动而不是语言，来向世界宣布，自己是多么优秀。

坚信只要由衷地追求美好，世界将与我同在。

克里斯丁·迪·拉森（1874—1962）

《乐观主义者的信条》

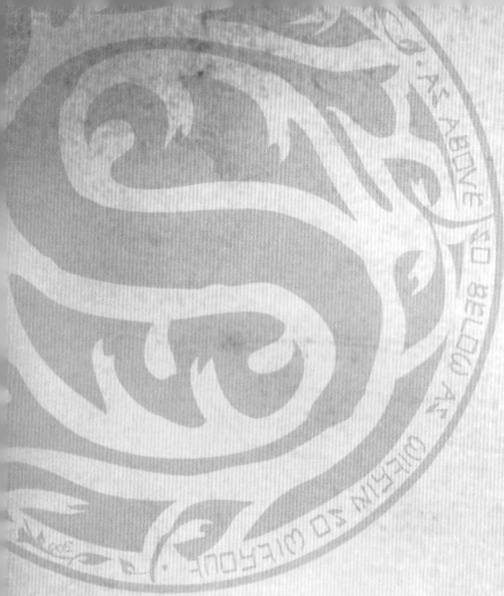
AS ABOVE SO BELOW AS WITHIN SO WITHOUT

任何外在力量都无法影响你的人生，除非你允许它影响自己的思维，最强大的力量源自你的内心。

运用你内心的力量，这世间没有什么比这股力量更强大。

当你试图吸引金钱的时候该如何将自己的注意力从账单上转移呢?你装出一副不在乎的样子,和那些账单周旋,设法令大脑产生正面的想法。用梦想填满自己的脑海,如此便无暇理会一切不利因素。

你是富有创造性的生物,不妨发挥自己的创造力,寻找把所有的账单和银行对账单变成自己财富的最佳方案吧。

每天一次，或至少每周一到两次，花几分钟想象自己快乐的样子。体会快乐中的自己，试想今后的人生只有快乐和你沉浸其中的情景。当你这样做时宇宙就会运转所有的人、事、情境，将快乐带到你面前。如果你仍被金钱、健康或朋友和家庭等人际关系所困扰，就无法快乐。所以，尽可能频繁地在宇宙银行中存入快乐。这是最有价值的投资。

愿快乐与你同在。

我们最强大的力量是爱,这也是每个人无限拥有的。你在一天之中会为他人付出多少爱?每天我们都有机会带着强大而又不竭的力量踏上征途,并将满满的爱意,传递给世间万物。

爱是欣赏,是赞美,是感恩,是与人为善。

我们拥有太多的爱可以付出,付出的越多,得到的也就越多。

宇宙中充满了美好的事物，然而我们陷入困境时往往无法纵观全局。其实那些所谓的"困境"中都蕴含了光明的一面。用全新的视角看待所有的问题并发掘其中的美好。只要你去寻找就必然会寻见，困难的假象一旦被看穿，所有美好的事物便会随之而来。

当你发现自己对某人产生负面情绪时，每天花几分钟发自内心地感受对那个人的爱，然后将这份爱传送至宇宙中。如此一来便可帮助你消除针对此人所产生的任何厌恶、愤怒或负面的情绪。

记住，所有厌恶、愤怒或负面的情绪都会吸引相同的情绪，就像爱能够吸引爱。你对别人的全部感觉，最终都会反馈给你自己。

"发生了什么并不重要,重要的是你如何应对它。"

爱比克泰德(约50—约138)

对宇宙而言它能轻而易举地通过你创造万物。你可以实现任何梦想，唯一要做的就是与吸引力法则通力协作。你提供所设想的模具，宇宙会提供填充物。

你要做的很简单——运用你的想象创造模具！

柏拉图曾说："了解自己。"没有比这句话更重要的了。你必须了解自我，你在做什么，你在说什么，你在想什么，如此便可发挥吸引力法则最大的功效。

了解自我。

如果你抱怨生活里的遭际，就会产生抱怨的频率，无法得到自己想要的。

用善念善言传送好的频率。首先你会感觉良好，之后就能发出获得更多美好事物的频率。

*倘*若你渴望得到某幢特定的房子、某段特定的关系或某份特定的工作，却又无法达成愿望，那就是宇宙在以它的方式告诉你这些都与你的梦想不符。同时它还预示了有**更好**和更有价值的在等着你。

更好的事物即将来临……激动雀跃是无可厚非的！

你 有能力将消极转化为积极，但这并不代表你可以拒绝改变。拒绝改变意味着选择消极的态度——你将焦点放在不利因素上，随之而来的将会是更多的负面情绪、痛苦与不幸。

想将消极转化为积极，首先要发现事物光明美好的一面。任何情况都有其正面性，一旦你去发掘，吸引力法则就会将它呈现在你眼前。此外，这种转变将赋予你无限美好和积极的能量，对此你的内心要深信不疑，这是非常必要的一步。如此一来便是真正地选择了积极的应对方式。

吸引力法则是最妙不可言的法则，它始终如一，帮助每个人专注于自己的优势。你也不例外，而且你可以随心所欲地运用它。

吸引力法则不会失灵。我们只要学会如何正确地运用它。

"万法唯心造,诸相由心生。"

佛陀(前565—前486)

缺乏浓烈情感的感恩，只是平淡的文字。若要真正掌握感恩的力量，必须不断地练习、再练习，直至出现最深层次的感受以及最强的频率。

那便是最强有力的感恩。

人生中最快出现的事物就是你最**深信**不疑的。只有**相信**才能带来一切，所以你必须拥有**信念**才能收获你想要的一切。

根据吸引力法则，你害怕的事情最终都会发生，尽管前提是来自你本人真正持续不断的恐惧。你所产生的不想要某事发生的能量是强大的。如此惧怕结局的你也不可能得到自己想要的。

别再畏惧自己不想要的结果，立刻将这强大的能量用在你的梦想上。

不论你之前做何感想，**当下**就是创新的最佳时机。

何为消极思想？就是缺乏积极的思想。

何为负面情绪？就是缺乏正面的情绪！

感恩之情与依赖之情，两者之间是有很大区别的。感恩是一种纯粹的爱，而依赖包含了恐惧——害怕失去或得不到。感恩之情能吸引你所要的，然而依赖之情，只会令你离梦想越来越远。若是担心自己得不到，或失去已经拥有的，那便是依赖之情。

若想摆脱依赖，就要在内心始终培养感恩之情，直到你再也感受不到恐惧为止。

*有*一种方法可以检验你能否吸引自己想要的事物。你是否觉得紧张不安？你是否在事情发生前压力重重？此外，还要学会觉知自己的身体。它是柔软放松，抑或僵硬紧绷？如果你感到紧张，就说明你身处错误的轨道上，无法吸引到自己想要的东西。只有彻底地放松，绝对地镇定，对时间、地点没有丝毫担忧，才能得到你所渴望的一切。

每当你思考自己的愿望时，就有意放松自己的身体，放松、放松、再放松，直到紧绷感完全消失。

"想象所有的美好都还围绕着你，快乐起来吧。"

安妮·弗兰克（1929—1945）

《年轻女孩的日记》

第 133 天

一旦人生发生转变，我们往往会抵触这种变化。但如果明白了宇宙、人生以及创造的结构，你就会理解人生就是在不断地转变，没有什么是停滞不前的。世间万物皆是能量，而能量是持续运动变化的。能量若是不动，那你早已不在人世，不会再有任何生命。

对你以及所有人而言，变化是有益的。它是生命的演化。

*你*若是花时间将所有自己感激的事物都记录下来,并能体会那种深切的感恩之情,那么每一天都会觉得很精彩。你的频率会很高并带着满满的爱意度过每一天,会把快乐带到各个角落,以积极乐观的态度影响身边的每一个人。

当你的人生出现这种景象,无须开口你想要的都会呈现在你面前。

消 极思想和负面情绪需要你的关注才能得以生存。离开你的关注它们无法幸免于难。如果你完全忽略它们,把它们赶出你的人生,那么它们将不复存在。

大多数人会迅速对小事产生兴趣。这是因为他们对小事没有抵抗力，也没有抵触的想法。而一旦大事发生了，对比就很鲜明，人们往往会表示质疑或者担忧。事情或大或小无非是发生时间的长短。

对宇宙而言，凡事没有大小之分。

*创*造的过程通常在于你与梦想之间如何协调。吸引力法则从来都不是重点。今天积极，明天有点消极，后天又开始积极，如此反复。

坚信不疑的持久状态是你必须学习掌握的，通过不断的训练你会越来越得心应手。

"失败最主要的原因（之一）是人们不确定自己想要什么，抑或他们的想法变得太快。"

"了解自己的愿望并坚信自己的愿望。若是能将愿望与信念相结合你就能梦想成真。两者结合之后所产生的愿力是不可战胜的。"

克里斯丁·迪·拉森（1874—1962）

《你的力量及其用法》

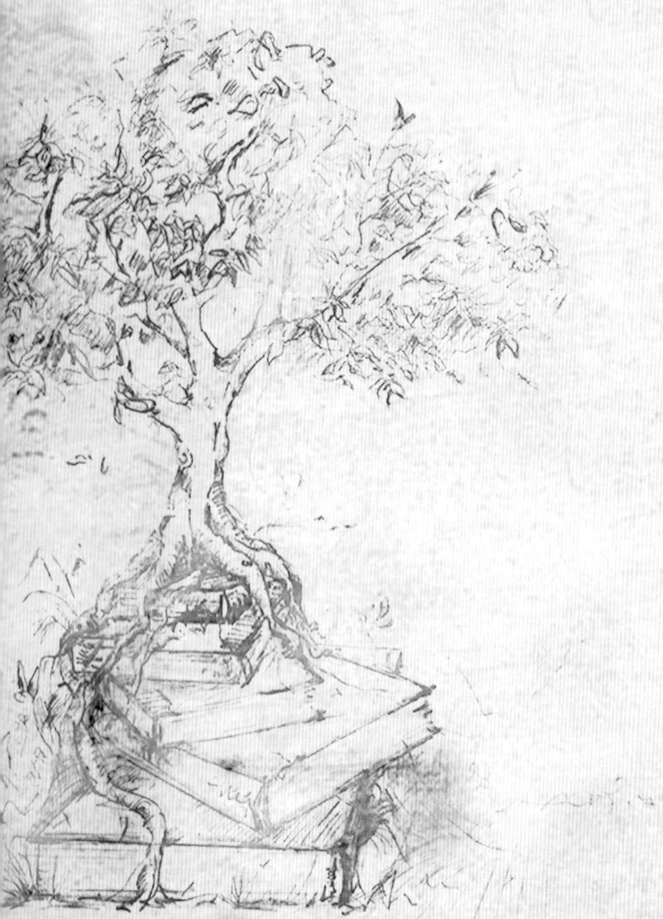

这世上有两种人：

一种人会说："我只相信眼见为实。"

另一种人会说："要想实现它，我必先相信它。"

要注意创意行为与活动之间的巨大差别。活动受控于大脑并源自信仰的缺乏,因此你要采取行动去"实现"梦想。创意行为会让吸引力法则通过你自身进行运作并促使你前进。

活动是累人的。创意行为是美妙绝伦的。

谁 是你的船长？显然没有船长的船必然触礁沉没。把你的身体当作一艘船，大脑就是引擎，而你就是船长！

控制好这艘船，这样你才能发挥引擎的能量驾船抵达目的地。

*你*当然可以通过自己的思想去帮助其他人，他们也能帮助你。你所传递出的每个好的想法都是一种生存力量。然而，接收人的愿望必须和你传达的思想相同。否则他们与你的思维频率就不一致，你的想法便无法传递给他们。

你不能违背别人的意愿为他们的人生进行创造，而如果是出于他们自愿，那你的思想就是帮助他们的真正力量。

如果你处于感恩的美好状态,那就会成为一个只想付出的人。你心中满满的感激之情占据了你的整个人生,你觉得自己都没有足够的机会去付出。你给予快乐,你给予爱,你给予金钱,你给予感谢,你给予赞美,你给予仁慈。你在工作、人际关系、对待陌生人的问题上都做到了最好。

当你体会到真正的感恩之情时自然就会知道,因为你会成为一名给予者。真正感恩的人便是如此。

人们刚开始运用《秘密》的时候，会对消极思想产生一些恐惧。正因如此，当人们产生好的想法时，脑海中会立刻产生不好的想法。这很正常。然而，我希望你们明白这个阶段很快就会过去。最简单的方法就是不去关注任何消极的想法。忽略它们并把焦点全都放在积极的想法上。一旦产生消极的想法，就毫不在意地摆脱它，用积极的想法取代它。

若是想要钱财，你会发现通过想象要买的物品，力量会倍增。如果你的人生缺钱，那么有关钱的感受和信念一般都不太好，而如果你幻想已然拥有想买的东西感觉便会好很多。你必须学会解读自己的感受并选择让自己感觉更好的思想。

令自己感觉好起来的想法就是你的能量所在。

"如果你因外物苦恼，痛苦并非来自外物本身，而是因为你的错误估计。你随时都可以摆脱这种痛苦。"

马可·奥勒留（121—180）

纯粹的感恩是一种付出的境界。当你发自内心地感恩时,就会在自己周围形成强大的磁场。这些来自你的辐射过于纯净有力,以至于它们影响到你所认识的每个人。那些受到你影响的人是无法追踪的,因为这种连锁反应会一直持续下去。

给予能开启回报的大门。每一天你都有太多的机会可以给予。

给予善言善语。给予一个微笑。给予感激与爱。给予赞美之情。你能在驾车时给予其他司机礼貌性的招呼。你能给予停车场的工作人员一个微笑。你能给予卖报人或替你做咖啡的服务员温暖的问候。你能给予陌生人一份尊重让其先进电梯然后替他们按下楼层。如果有人东西掉了，你能给予一份帮助替他捡起来。你能给予自己所爱的人暖暖的拥抱并感激和鼓励每一个人。

有如此多的机会让你给予，由此你便打开了回报的大门。

当你的感恩状态达到最高境界，你的每个想法、每句话、每个行动都将出于纯粹的善意。

你是具有电磁效应的生物，能够发出一定的频率。只有和你频率相同的事物才会出现在你的人生中。你遇到的每个人、每件事、每种状况都在告诉你自己的频率是什么。

如果你今天过得不好，就请停下来，改变自己发出的频率。如果这一天顺风顺水，就请继续下去。

有时一心一用比较好，如此你便可将全部精力集中在一件事上。这就是说，你可以列举多个自己想要的东西，然后每天只关注其中一个，想象自己已然拥有了的感受。你很可能会发现自己最不担心的往往出现得最快，因为少了担忧能让宇宙轻松地将你所想要的带给你。

紧张阻碍了你实现梦想。内心的焦虑或担忧会让你产生抵触情绪。这种情绪会阻碍你成长。

如果你思索自己想要的东西时觉得紧张，就要不断地放松，放松，再放松。通过彻底放松躯体来缓解大脑的压力，如同让自己置身于水流中。每当你开始感到紧张时，就放松自己的身体，直到它松弛为止。

"人是思想的产物。心里怎么想，就会变成怎样的人。"

"圣雄"甘地（1869—1948）

*你*可以通过编造故事来限制自己。下面就为大家举几个自我设限的例子：

我数学不好。我从不会跳舞。我不太擅长写作。我很固执。我睡眠状况很差。我很情绪化。我在和自己的体重做斗争。我的英语不太好。我总是迟到。我不是个好司机。我摘下眼镜就看不见东西。我很难交到朋友。我赚的钱总是从指缝中溜走。

一旦你意识到自己在说什么，就能删除这些过去并重写自己的故事！

你的真实面貌是这样的:

我是完整的。

我是完美的。

我是坚强的。

我是强大的。

我是充满爱的。

我是友善的。

我是快乐的。

知道该怎么办了吧?

要更加留意生命中美好的事物。感谢所有令你过上轻松生活的人，正因为他们的工作与发明你的生活才会如此惬意。你今天早上洗澡了吗？你用电了吗？你是怎么去工作的，是开车、坐火车、乘公交车还是穿着鞋走过去？路上你买咖啡、听广播、用手机打电话、乘电梯了吗？你人生中的每一天都用到如此多的发明，对此你是觉得理所当然还是心存感激？

我们真是太幸福了——毋庸置疑。

要成为想象高手，就得从回顾你的生活入手。在一天中选择一个美妙的场景或时刻在脑中回放。同时想象其中的地点、人物、背景声音、色彩、人们的话语以及每个细节。

这是增强想象技巧非常有力的方式，而且你还能吸引更多美好的画面出现在生活之中。

宇宙最强大的力量是提供世间万物，而吸引力法则就是配送者。你是地球上的创造中心，正是通过你本人以及你对吸引力法则的运用，宇宙才能将创造物带到这个人间。

多么美妙的系统啊！

今天是你人生中最棒的一天!

第160天

"人的内心,能决定视野和行为。"

约翰·沃尔夫冈·冯·歌德

(1749—1832)

不断观察自己的感受。你应该希望自己的人生如水流般平缓，而不是时刻充满压迫感。你是感觉无比放松抑或惴惴不安，由此可以判断人生的走向。

释放紧张的方法之一就是下定决心向世人展现最好的自己。一旦你付诸行动，就是敞开怀抱让宇宙帮助你实现梦想。这感觉很棒！

要想实现幸福的生活必须平衡心灵与思想。一旦两者平衡了，你的身体就处于极为和谐的状态。人生亦是如此。

*存*善念。说善言。行善事。让善扎根于你的思想、言谈以及行动中。善有很多不同的程度，有趣的是你会发现人们所谓的"恶"其实只是*缺乏*善。世上没有"恶"的根源——只是缺乏了善。

只有**一种力量**，而且这种力量是积极美好的。

依靠愿力并通过实践将改变你的人生。每天练习《秘密》的原理。凭借愿力下定决心并以《秘密》的原理**作为**人生基准。每天运用一切有利的自然法则自觉训练。

你是唯一能加强你自己的愿力的人。你决心付出多少努力人生就会发生多少变化。

通过科学研究，现在我们确信能量是无法产生或销毁的——它只能改变存在形式。我们都是由能量组成的，因此谁都无法创造或摧毁我们——唯一能做的就是转变形式。

许多人如此害怕死亡，但其实我们的能量是永远存在的，只是外在形式改变了。

历史中没有一个事例能说明憎恨为人类带来了快乐。憎恨摧毁了人类的身心。如果人类放下所有的憎恨、恐惧和不满，那么就不会有独裁者，我们就能拥抱和平。

地球的和平源自我们每个人内心的和平。

"正向思想及其内在总是和谐一致的,而消极思想则相反,因此消极思想丧失了它的力量……在正向思想中,所有的精神系统行为都在有条不紊地工作,按照指令朝着既定目标前进,而消极思想的精神系统行为,则如同一盘散沙、焦躁、神经质、失常、毫无组织纪律性可言。所以成功与失败都有其显而易见的因素。"

克里斯丁·迪·拉森（1874—1962）

《你的力量及其用法》

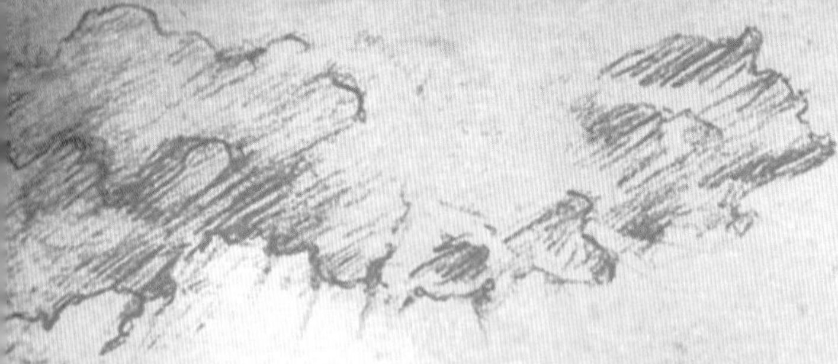

对吸引力法则而言，没有过去或将来，只有现在，因此不要再觉得自己的过去有多艰难、多痛苦、多消极无助。

要记住吸引力法则只在当下发挥作用。所以如果你以消极的方式谈论自己的过去，那么吸引力法则就会接收到你的信息并把过去的不幸带到**当下**。

任何事物的创造过程都是相同的，不论是你希望得到某样东西还是去除人生中的消极因素。

如果你想改变习惯，或消除人生中的一切负面因素，那就必须把焦点都放在自己想要的事物上。这意味着你需要马上想象自己身处乐观积极的状态。这样的尝试越多越好，如此才能让负面思维消失不见。想象自己快乐又无拘无束。同时尝试消除大脑中所有消极的画面。设想你处于自己希望的状态，并感觉已达成所愿，一切要从当下开始。

*每*一天，不论你会遇到谁——朋友、家人、同事、陌生人——都要给予他们快乐。一个微笑、一句赞美，抑或善言善行，都是给予快乐的方式！尽全力让每个人在遇见你之后生活变得更加美好。这似乎与你和你的生活没有关联，但相信我，宇宙法则将这一切都紧密地联系在了一起。

在给予他人快乐的同时，你也在给**自己**带来快乐。你付出得越多，收获得就越多。

*许*多人想要减肥却最终失败,是因为他们只关心如何减掉体重。事实上,应该把焦点放在完美体重上。

你最关注的往往就是你将会得到的。吸引力法则就是如此运作的。

聚焦于自己的优点，当大脑开始批判自己时，要立刻消除那些观点。停止消极的情绪并将注意力集中到自己的优点上。如此一来，你才能吸引美好的事物。

对自己好一点，因为这是你应得的！

每个人的人生都是由自己创造的，我们无法决定别人的人生，除非那个人有意识地要求。例如，有人希望得到健康，那他身边的人可以利用对纯粹健康的强烈关注帮助这个人。正因为是这个人自己要求的，那么他会接收到积极正面的能量并获益匪浅。

"我们一直深入讨论万有引力定律却忽视了另一个同样美妙的表现形式,*那就是思想界的吸引力法则*。我们对万有引力非常熟悉——它将物质的组成成分原子吸引到一起——也见识过它将我们的身体牢牢地吸附在地球上的威力,它让世间万物有条不紊地在各自的轨道上运行,然而我们却对*让我们既渴盼又恐惧、既能创造又能摧毁我们生活的思想频率视而不见。*"

"当我们明白思想是一种力量——是能量的一种表现形式——拥有强大的吸引力时,就会理解自己为什么到现在为止对那么多事物都一无所知。"

威廉姆·沃克·阿特金森

(1862—1932)

《思想频率》

了解自己！观察人生中的点点滴滴并回忆自己当时的感受。这些小事发生得很快。它们在你脑海中一闪而过，之后再也不会被想起，而它们却真实存在过。

事实上是因为你没有产生任何违愿的想法或发表任何违愿的言论，所以吸引力法则才能完美运作。

要理解感谢的力量和魔力,你必须自己去体会。所以每天找一百件令你感恩的事物不正是良好的开端吗?

如果每天都练习感恩,用不了多久你就会时刻处于感恩的状态,届时你就能揭开人生最大的秘密之一。

*在*实现梦想的过程中你所能做的最强大的事情是什么？为自己祈求的同时也为别人祈求。为**所有人**许愿是一种简单的方法，其中当然也包括你自己。祈祷所有人都能拥有美好的人生，所有人都享有和平，所有人都实现富足，所有人都美满健康，所有人都收获幸福，所有人都被爱环绕，所有人都快乐自足。

当你祝福他人的时候，自己也会得到同样的祝福，最终吸引力法则就能帮到**每一个人**。

吸引力法则无法改变任何你厌恶的事物，因为厌恶阻碍了改变。由于吸引力法则是我们所思所想的真实反馈，因此当你产生厌恶的情绪时，吸引力法则必须不断地增加你的厌恶感。没有别的办法能让你摆脱这种感觉。而爱是唯一的解脱途径。

　　如果你将所有的注意力都聚焦于自己所爱之事上，那么你的人生就会变得很美好。

*批*评能够不着边际地潜入我们的思想。下面举几个例子以帮助大家意识到批评想法的存在，这样你就能从自己的思想中清除它：

今天天气很糟糕。

交通很拥堵。

服务真的很差劲。

哦，不，看这皱纹。

他/她总是迟到。

我们到底还要等多久？

那个司机就是个疯子。

这儿好热。

这个电话等得也太久了！

这些想法很微妙，但吸引力法则还是会对它们做出反馈。不论遭遇何种状况你总能从中找出值得感激的部分。感恩无所不在。

不论你的梦想是什么,实现的方法都是相同的。《秘密》电影和图书中已经全面地描述了这个方法,如果你还不清楚那就应该反复观看这部电影,或者反复阅读这本书,直到自己彻底了解如何实现梦想。之后你便能将《秘密》的原理融入自己的意识和人生,就会知道如何为人处世。

"要想为他人带来和平,自己必先保持内心的平和。"

托马斯·肯比斯(1380—1471)

《效仿基督》

美好的感受就如同雨水一般，而你的身体就是一座水库。

正面的感受越多越好，这样你的水库就会满满的。而一旦你开始大意不加注正面的情绪，水库很快就会见底。消极情绪就如同一个指示器，提醒你水库已经见底，你需要再次注入积极情绪直到水库被填满。每天都要有意识地产生积极感受，让自己洋溢着快乐幸福。

*你*所采取的每个积极步骤都是在进行自我转变。通过连续不断地运用自己的意志以及坚持不懈地练习，你会惊异于自己的转变速度竟如此之快。这种转变会带来难以形容的平和与快乐。你只有经历过才会了解这种感受，而一旦你经历了这样的转变，就绝不会后悔。

*你*不能质疑吸引力法则的可行性，因为它每时每刻都在运作。如果你的愿望没有实现，那么你就能看到自己运用吸引力法则的效果。愿望没有实现，说明你正在创造自己*不想要*的。吸引力法则只是不断地对你的创造做出回应。

　　一旦你明白了这一点，你就能重新运用这股神奇的力量吸引自己想要的一切。

顺其自然，不要试图抗拒人生中的变化。抗拒只会束缚自己。集中精力关注自己想要的，然后战胜所有的挑战和消极思想。想象自己高高在上，而消极的情绪犹如蝼蚁般渺小。如此一来你便能远离消极情绪并看清它的真面目。

这个小方法能让你摆脱所有消极的因素。

用感恩的心情开始每一天。感谢你睡的床、头上的屋顶、脚下的地毯、自来水、香皂、淋浴器、牙刷、衣服、鞋子、冰箱、车、工作和朋友。感谢那些能让你轻松买到必需品的商店，感谢那些能令你轻松生活的餐厅、公共事业、服务以及电器。感谢你阅读的杂志和书刊。感谢你坐过的椅子、走过的小路。感谢天气、太阳、天空、小鸟、树木、草地、雨水和鲜花。

谢谢，谢谢，谢谢！

*你*不会错过机遇,因为宇宙会不断地为你提供机遇。如果你认为自己错过了一个机会,那么感觉就会很糟糕,你绝对不会发出接收正确机会的频率。要有信念。宇宙能为你提供无限的机遇,并能以各种方式引起你的关注。

你会抓住正确机遇的。

"每个人都可以成为伟大的人……因为伟大是通过为他人服务而界定的。为他人服务,并不一定要有大学学历,并不一定要主谓一致,你所需要的是一颗感恩的心和充满爱的灵魂。"

马丁·路德·金（1929—1968）

要想得到美好的事物，你就必须对自己的频率做出相应的调整。时刻保持这种频率，存善念，说善言，行善事。

*每*个问题的答案其实就在你的心里,因此自己发掘答案是很重要的。你必须对自己坚信不疑。《秘密》一书及其电影能帮助你理解自己内心的力量,帮助你发现这股力量并加以运用。

提出疑问,然后保持强烈的意识,因为答案随时会出现。

*记*得那三只聪明的猴子吗?

非礼勿视。

非礼勿听。

非礼勿言。

这就意味着:不看负面,不听负面,不说负面。

那三只猴子真是太聪明了!

*谢*谢！谢谢！谢谢！这两个字，当与强烈的情感融合在一起时，你的人生将会获得出乎意料的改善。但你必须在这两个字里注入心中满满的感激之情。

你知道当某人说出毫无感情色彩的"谢谢"时你内心感受如何。你不会有任何触动。而当别人真心实意地说"谢谢"时你的感觉截然不同。同样一句谢谢，在融入了情感之后效果和能量会瞬间深入你的内心。

当你为"谢谢"注入了感情，就如同替它插上了翅膀。

*倘*若你要寻找真爱，寻找到能让你获得幸福的完美伴侣（无论他是谁），最好的办法就是顺其自然。让宇宙把爱带入你的生命中，把你带到对方面前。这就意味着你不能成为宇宙的阻碍，要积极接受它所提供的一切可能性。

从我们自身的角度出发，往往看不到全局，而宇宙知道什么才是天作之合。

"言善信。心善渊。与善仁。"

老子（约前六世纪）

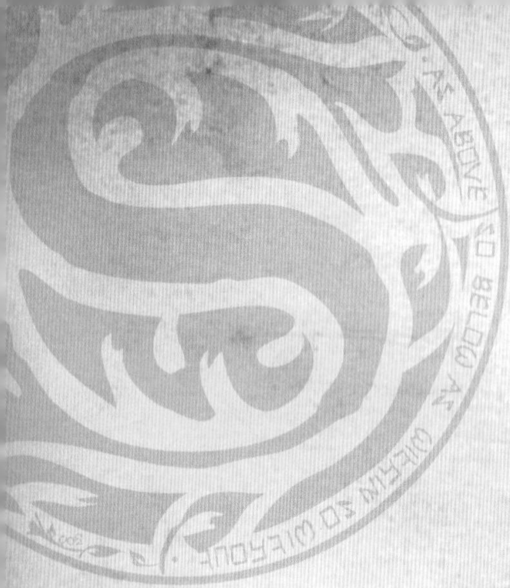
AS ABOVE SO BELOW AS WITHIN SO WITHOUT

压力、担忧以及焦虑源自你对未来的不确定，认为会有不好的事情发生。如此一来，你的焦点就放在了自己不想要的东西上！如果你发现自己对未来抱以消极的态度，那就得立刻将焦点放在**当下**。把自己拉回到现实之中。

　　下定决心，将精神专注于当下，因为这一刻拥有绝对的平和。

*你*是否有这样的想法？

"我现在没钱，等有钱了我就会捐出去。"如果抱有这样的想法，那么你就永远不会有钱。得到任何事物最快的方法就是付出，因此如果你想获得财富，就要馈赠财富。你可以捐十美元、五美元、一美元。数量不在于多寡，捐出去就行。不论数额大小以及捐向何方，你只要布施钱财即可！

感恩的次数越多你心里的感激之情就越深,而深度正是关键。你的感受越深刻越真诚,你得到的快乐就越多。

当你每天抓住各种机会感恩的时候,不妨观察一下自己的人生会发生怎样的转变。

*在*你为自己祈求的同时也试着为全世界人民祈求。

祈求美好的事物降临到自己身上，也祈求它们降临到全世界每个人身上。祈求自己万事如意，也祈求世界繁荣昌盛。祈求自己健康，也祈求他人健康。祈求自己快乐，也祈求他人快乐。祈求自己获得爱与和平，也祈求全世界每个人获得爱与和平。

事情虽小但效果却非常惊人。

当人生发生转变时，我们总是选择抵抗。原因在于人们往往将人生中的巨大转变看作坏事，从而对其产生惧怕心理。但我们记住这一点很重要，人生中的巨大转变其实意味着好的事情即将发生。宇宙中不可能有密闭空间，有东西出来，就必须有东西进去取代。转变来临时，只要放松，抱着坚定的信念，心里就会明白改变**是件好事**。

如此一来更加美好的事物就在向你靠近！

如果你希望拥有更好的工作或者任何更美好的事物，很重要的一点就是去了解吸引力法则是如何运作的。

你知道想要拥有更好的就必须先在脑中勾画它的模样，然后幻想自己已然拥有的情形。但你也应该知道如果不停地关注消极的事物，例如，抱怨自己现在的工作，那么美好的事物永远都不会降临在你头上。你必须发现工作中令自己感恩的细节。这样才能帮助你得到更好的工作。吸引力法则就是这样运作的！

观察别人的车，你会了解它的主人。车子整洁光亮说明主人很珍惜。车子脏乱不堪说明主人毫不在意。懂得珍惜的人将得到更好的车。而另一种人则没有那个福气。

对已然拥有的心存感激正是善用吸引力法则之道。

"在人生最绝望的时候,要像到达巅峰那样保持坚定的信念,抱以高度的热情面对一切。不论世事如何变幻都不要感到失望。遭遇任何情境、状况、事件,都坚信未来一片光明。遇到挫折时也不要迷失了方向。坚持自己最初的信念,让一切好转起来……"

"从不屈服的人会变得愈发坚强,一切不利的局势终将逆转。最后他将得到自己渴望的力量。始终保持坚强,你才能成就更强大的自己。"

克里斯丁·迪·拉森（1874—1962）

《你的力量及其用法》

吸引力法则是一部巨大的复印机，它复印我们的所思所想然后如实展现在我们的人生之中。一切如此美好，因为我们能得到非常清晰的反馈去跋涉人生的旅程。例如，你没有足够的钱，就要知道，自己必须在脑中想象富裕的画面，这样吸引力法则就能将此复印下来并反馈给你。

不论你的想法是否现实，不论它是关于你的现实人生还是梦想的生活，吸引力法则都会对此做出回应。换言之，吸引力法则并不分辨幻想与现实之间的差别。

现在你了解你想象的力量了吧?

以下是运用吸引力法则获得财富的四大基本要素：

1. 每天多产生富裕的想法，而不是整天担忧缺钱。

2. 现在就快乐起来，与金钱无关。

3. 由衷感激已然拥有的一切。

4. 向别人呈现最好的自己。

就是这四个简单的步骤。只要愿望够强烈你就能做到。

吸引力法则从未令任何人失望,你也不例外。这个法则不会失灵。如果愿望没有实现,那一定是因为法则的运作方法不正确。

正因如此,只要你能善加利用吸引力法则,就将能看到惊人的效果!

*有*时候，我们缺乏勇气去改变，而周遭的一切变化都将引领我们踏上新的征途。

你无法抑制自己的成长——这是进化的必经之路。

没有什么是你做不到的，如果人生中的一切都以正确的顺序出现，那你就能实现所有渴盼之事。先活在自己的梦想中吧，完完全全地，之后它将变成现实。一旦你彻底沉浸其中，就能获得实现梦想所需的一切。

这就是吸引力法则。所有你生命中的创造都源于你的内心。

"要敢为人先:做第一个点头、微笑、赞美、宽容的人。"

无名氏

你的言语拥有强大的能量，因为它们是你赋予额外能量的思想。要注意自己的言辞。发现自己言不由衷的时刻是不可思议的，这说明你变得越发自觉谨慎了。太棒了！

无穷的宇宙如同我们的太阳。太阳的本质是给予光明与生命，否则太阳便不再是太阳。你无法想象有一天太阳一边升起一边抱怨："我厌倦了给予光明和生命！"一旦太阳不给予生命，它就不复存在。无穷的宇宙亦是如此。它的精髓与本质就是付出，否则也将不复存在。

当我们与宇宙法则和谐共处时，我们所体会到的快乐就是宇宙不断付出的结果。

*记*住，每时每刻你都在发出振动频率。想要改变外在因素并提高人生的境界，你就必须转变自己内在的频率。存善念、说善言、行善事都能提升你的频率。

你的频率越高，回应你的美好事物就越多。

当你和吸引力法则节奏不一致的时候，人生就会变得匮乏，但那都是你造成的。宇宙始终在付出，而你必须学会如何与其和谐共处。完美的方案就是：存善念、说善言、行善事。

宇宙会对你施与全然的爱。无论你犯了多少错误，无论你人生处于何种阶段，无论你如何看待自己，宇宙都永远爱着你。

*你*真正想要的是什么？你希望得到什么结果？你要做的就是坚定梦想，想象它已然实现。这是你的职责。而**如何**实现梦想那是宇宙的职责。许多人在这点上犯了错，试图完成本该由宇宙完成的工作。

这里举个简单的例子。一个人想上贵族学校，因此他试图为此筹钱。而他想要的*结果*是进入那所学校，所以他的重点是放在学校上——这是他应该做的。

关注结果就好，让宇宙运用它无穷的手段帮你实现愿望。

"就像将石头扔进水中一样,思想也会产生涟漪和波动,在思维的海洋中渐渐扩散。然而,不同的是:水波只是在水平面上向外扩散,而思维的波动则如同阳光一般,由同一中心向外扩散。"

威廉姆·沃克·阿特金森

(1862—1932)

《思想频率》

*你*可以通过不让自己陷入他人的悲伤中保持快乐的心态，激励那些身处困境的人。

你可以通过自身感受知道自己是否灵感之光。如果你能保持良好的感受，那么快乐之光就会明亮耀眼。一旦你开始觉得沉重或不适，就说明自己正受到负面情绪的影响，你必须立刻远离这种感受并让自己重新乐观起来。

除非你内心的快乐是向外扩散的，否则你什么都给不了别人。

不论你现在的财政状况如何，这都是你思想的结晶。如果这并非你想要的结果，那就说明它是一场意外，但你依然难辞其咎。一旦你明白了这点就会意识到自己的创造力有多强。现在你要做的就是去创造自己想要的，要有意识地！

当你闭上眼并想象富足的自己做着自己想做的事时,你就在创造崭新的现实。你的潜意识和吸引力法则并不知道这一切是真是假。因此当你想象时,吸引力法则会接收到那些你在想象时所产生的逼真想法和画面,然后将这一切化为现实回送给你。

当你设想自己身处梦想之地时,一切想象会渗入你的潜意识,吸引力法则就必须实现它。

你去付账的时候，要运用自己的想象力，把它当作任何一种你喜欢的游戏。将这些账单想象成支票，或是把钱当成一份礼物支付出去。在你的银行对账单上多加几个零，或是将《秘密》网站上的宇宙银行支票贴在浴室的镜子上、冰箱上、电视屏幕下方、烤箱上、车子的遮阳板上、书桌上或电脑上。

娱乐，假装，不妨沉浸于能让自己感到富足的潜意识游戏中。

*想*要收获的最快方法就是付出，因为付出开启了收获的大门。我们付出多少就能收获多少。不论身在何处都要竭尽全力。给予微笑。给予感谢。给予仁慈。给予爱。

付出应该不求回报——完全为了快乐。

世上的每个宗教都告诉我们要有**信念**。信念就是无法看见过程，却能肯定梦想已经实现，你要做的就是放松并让宇宙拉近你和梦想之间的距离。

"我们现在的一切都是过去思想的结果……一个人的言行若是抱以邪念,那么痛苦就会跟随着他……一个人的言行若基于纯净之念,那么快乐就会如同影子一般,永远与他相随。"

佛陀(前565—前486)

《法句经》

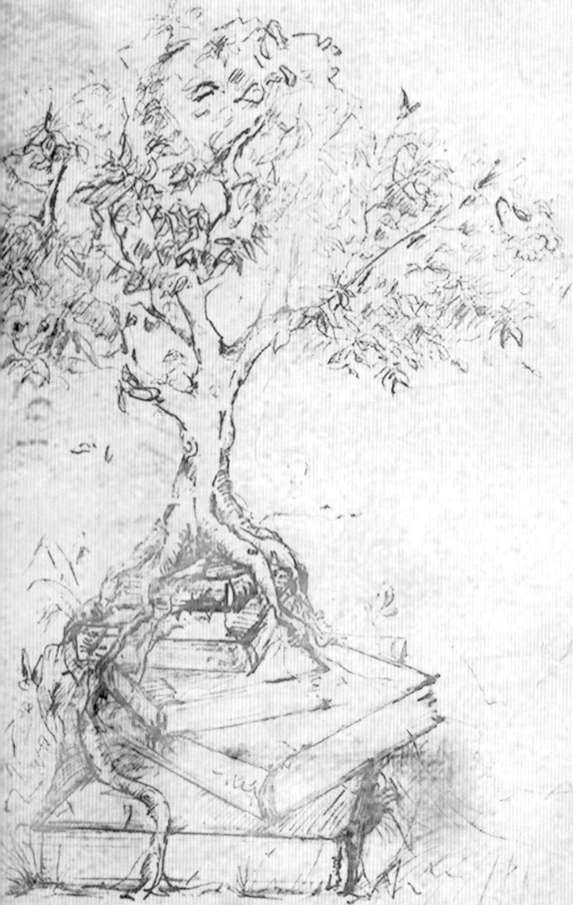

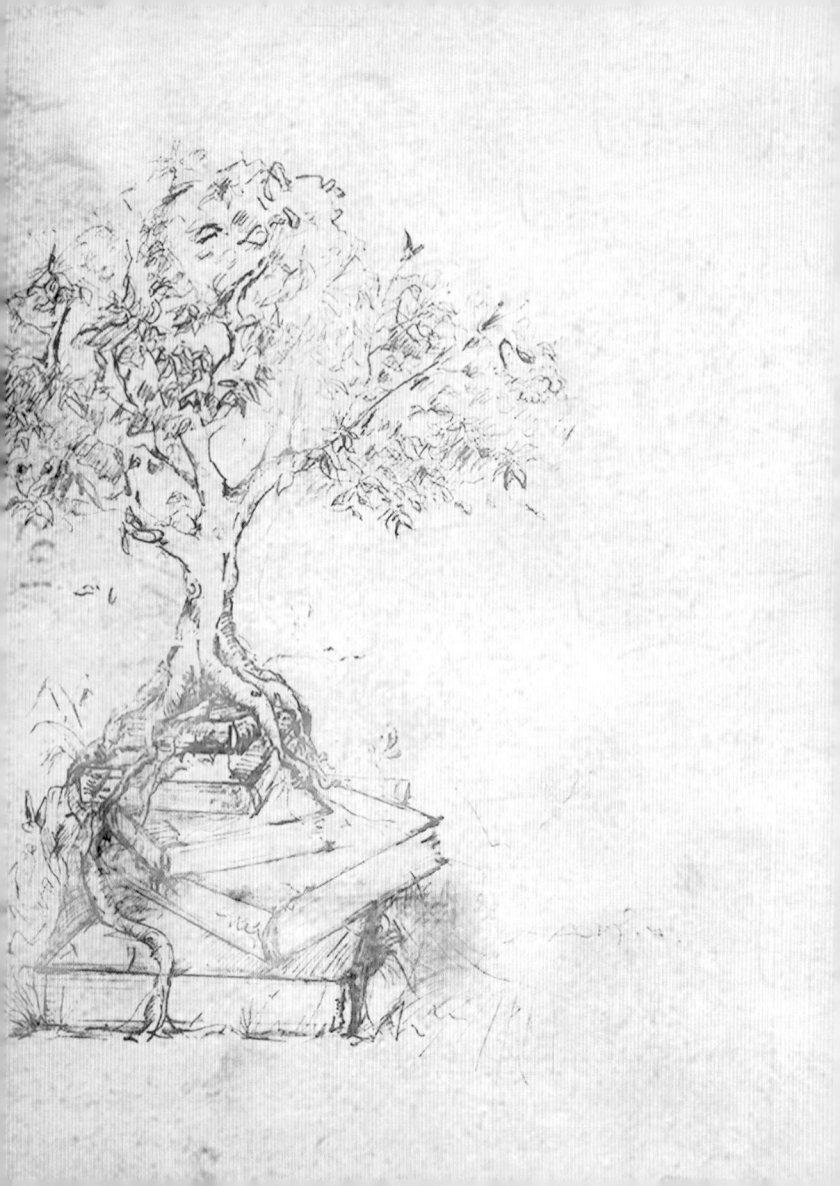

世间万物都已存在于精神世界，包括你想要的一切，而事实上这一切一直都存在，因为精神世界中是没有时间的。我们有限的身心可能很难理解这一点。重点是如果你想要的已然存在，那么你该明白自己在许愿的那一刻就已经得到了一切。你所要做的就是将自己想要的从精神世界带入物质世界，发出与自己愿望相一致的频率。由于你想要的已然存在，因此不需要再去创造。

发出正确的振动频率，这样你便能实现自己的梦想。

当你批评或责怪任何事或任何人时，留意一下自己是什么感觉。那些糟糕的感受清楚地传递着一个信息，那就是你在吸引负面的能量。要记住宇宙是通过你的感受传递信息的，这是不变的真理。

任何不好的感受都是没有价值的。

以下清单可以确保你的接收频道已然打开：

你能否自如地应对别人的赞美？你能否轻易地收到意外的礼物？你能否接受别人的帮助？你能否接受朋友请客吃饭？

这些事虽小，但它们能帮助你了解自己是否愿意接受。记住，宇宙是通过各种人、事、物将一切交到你手中的。

*你*的思想和感受是*起因*，之后显现的便是*结果*。因此如果你将自己想要的内在化，那就已经完成了自己该做的一切。皆因有因，才会有果。因为它是你的内在意识，所以得以显现于外在世界。

记住，你的内在是*起因*，外在世界是*结果*。

如果行为与愿望背道而驰，那就要在付诸行动的时候运用自己的想象力。每天你都能通过行动来*帮助*自己创造想要的东西。例如，开旧车的时候就想象自己在开想要的新车。每次打开钱包时想象里面塞满了纸币。你可以把任何行为都想象成一种与自己愿望相一致的装扮游戏。

要记住，吸引力法则并不清楚事物到底是真实的抑或想象的。

我在创作《秘密》这部电影的同时，也在研究吸引力法则，其间我犯了一个错误，那就是从外在世界寻求帮助。这部电影耗资百万美元，而当我开始创作的时候就已欠了一大笔债。不管我到哪儿寻找帮助，谁也不肯伸出援手。我所得到的只是一次又一次的无情拒绝。其实我找错了地方，因为宇宙所有的力量都源自我的内心。

我调整好自己的状态，同自己内心的力量紧密相连并将注意力全都放在这上面，让宇宙替我分忧并寻找最合适的解决方案。我做好了自己的本分，全身心地投入其中，坚信一切终将水到渠成。

"你可以自由选择你的所思所想,但你思想的结果是由一个不变的定律所掌控着。"

查尔斯·哈尼尔（1866—1949）

《成功密钥》

当你找寻到自己的目标，就如同心被激情点燃。你会百分之百地确定，没有丝毫怀疑。

*你*可以随意提高自己的频率,没有上限,因为善念、善言、善行都是无止境的。提高频率除了能改变自己的人生之外,还能改变其他人的人生。正如同将石头扔进水中一样,能量的积极频率也会向外扩散并影响世间万物。

在你生命得到提升的同时,世界将与你同在。

外部世界的力量永远无法和你内心的力量相提并论。寻找自己内心的力量，因为它最了解适合你的完美道路。

处于压力之下的你是无法得到自己想要的东西的。你必须把压力或任何紧张感从自身系统中清除。

你必须释放压力——这是实现梦想唯一的方法。压力是一种强烈的信号，它代表了你**不**想要的东西。压力或紧张都是缺乏信念的表现，因此消除压力的唯一途径就是增强信念！

*信*念就是相信美好的事物。

恐惧则是相信不好的事物。

不论你想得到什么，都必须**付出**。想要爱？那就付出爱。想要别人的感激？那就先付出感激。想要得到理解？那就先付出理解。想要快乐与幸福？那就付出快乐与幸福。

每一天你都有能力给许多人带去满满的爱、由衷的感激、充分的理解以及无尽的幸福！

"一旦你确定自己想要做什么,就在心里暗示自己去做,每天暗示一千遍。如此一来走向成功的大门便会打开。你将得到梦寐以求的机会。"

克里斯丁·迪·拉森(1874—1962)

《你的力量及其用法》

每一天都要寻找美好、感受内在的美好，每时每刻都要记得赞美、感激与祝福。

以此作为人生的信条，你会惊异于即将发生的重大转变。

当人生发生重大转变时你不得不改变方向。新的人生之路未必一帆风顺,但能肯定的是你将翻开华丽的篇章。你将确信自己将体验前所未有的新鲜事物。

回顾过去的消极经历,我们往往看到自己的人生如何受其影响。我们会发觉,这些消极经历造就了我们现在的人生,而我们对此束手无策。

古巴比伦人实施的一项重要法律使得当时的社会繁荣昌盛。那就是《十一奉献法》，其规定将所得财富的十分之一捐赠出去。这项法律设定想获取就必先付出，古巴比伦人知道施行此法能为他们带来富足的生活。

如果你抱着这样的想法，"等我有足够的钱就会捐赠出去"，那么根据《十一奉献法》你永远都不会有足够的钱，因为你没有先付出。世上许多富豪都是靠付出致富，而且他们从未停止奉献！

当你审视自己并对自己某个地方不满时,就会不断吸引不满的情绪,因为吸引力法则就如同镜子一般,反射出你内心真实的想法。

学会发掘自己的优点,它会令你目瞪口呆!

不管有多少胜算，我们都可以尽全力改变人生。这不禁让人想起《秘密》电影中的莫里斯·古德曼。他全身瘫痪躺在医院里，唯一能做的就是眨眼。但他知道自己依然可以运用想象力，虽然困境重重，但他最终能走路了。

想象自己的人生灿烂辉煌，想象自己快乐无限，无论如何一定要坚持这样的梦想！

你 就如同一块吸铁石。你心里想什么就会吸引到什么。既然这样不如变成快乐的吸铁石，动用自己全部的力量不停地吸引快乐。快乐是你内心的感受，不论世事如何变迁你都能让自己感到快乐。

　　了解吸引力法则之后你就必须快乐，如此一来你才能拥有快乐的人生。

"对于大多数人而言,他们认定自己有多幸福,就有多幸福。"

亚伯拉罕·林肯 (1809—1865)

人们终其一生追求物质，却没能发现最珍贵的财富，那就是他们的内在。闭上眼，别再只关注外部世界。将你的思想和语言导入你的内心。掌控内心是掌控所有财富的关键。

*假*若你掌控了自己的内心，你的人生就有了明确的方向。为自己着想，为自己选择。

*你*的身体就像一部电影放映机,而你所有的想法和感受就是一部电影。你所看到的一切都源自你的内心,是*你自己*导演了这一切。

通过选择更高一级的思想和感受,你能随时改变银幕上的画面。你可以完全控制电影的内容!

*你*人生这出戏演得如何?需要修改任何有关财富、健康或人际关系的剧本吗?有没有什么情节是你想改编的?今天就是你修改剧本的最佳时机,因为今天的改变明天就将显现。

每天你都在创作人生这场戏——主导权就在你的手中。

尽管有太多的东西需要学习，但如果稍加留意，你便能发现人生的真谛就在自己身边。是无知与固执蒙蔽了我们的双眼。

不断地问自己，不断地学习，不断地放下执念，人生的真谛便会展现在你面前。

"当你受到一些伟大目标、非凡项目的启发时,所有的思维就会打破束缚;你的思想不再受到任何限制,意识会向四面八方扩展,你将发现一个焕然一新的美好世界。沉睡的力量以及才能开始觉醒,你将会成为一个更伟大的人,这是你迄今为止都未料想过的。"

帕坦伽利

《瑜伽经》

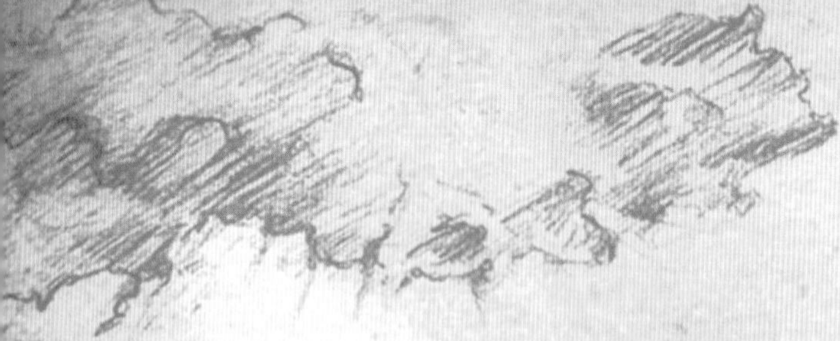

现在你必须以一种梦想已然实现的态度说出自己的想法。这点非常重要，因为吸引力法则会对你的思想和语言做出切实回应。所以，如果你表现出还未得到的样子，那么就是在阻止自己得到想要的一切。

你必须秉持已经得到的感觉。

随着不断运用吸引力法则，你思想和感觉的振动频率会越来越高。这种振动频率可以无限制地增加，随着振动越来越剧烈，你的人生也将越来越完满。这是一个循序渐进的过程，但提高的唯一方法就是一步一步来。

所以每一天你都要尽全力让自己感觉好起来，尽可能多地产生美好的想法，如此下去你必然会得偿夙愿！

完全掌控自己就能完全掌控吸引力法则。控制自己的想法与情感你就能精通吸引力法则,因为你已经成为自己的主人。

没有人会故意把不想要的东西带到自己面前，然而纵观历史可以看到，人类曾饱受痛苦、悲伤以及死亡的折磨，这正是由于人类忽略了最能影响自己人生的定律。

而如今历史即将被改写，因为你已经了解了吸引力法则，而且你可以创造自己应得的人生。你正在改写历史！

*你*的工作重点就是你自己。当你和吸引力法则相辅相成的时候，没有人能成为你和宇宙之间的阻碍。然而如果你认为有人可以阻止你实现梦想，那么你就陷入了消极状态。你要做的就是集中精力创造自己想要的东西。

你就是人生的控制中心，而你的搭档就是宇宙。没有人能阻止你去创造。

当你还不确定人生的道路该如何走时，记住某种智慧对此了如指掌，它能引导你做出人生的每个决定以及经历每个转变。你所要做的就是发出请求，坚信会接收到关于前方道路的指引，然后时刻准备迎接答案。宇宙无上的力量每时每刻都在陪伴着你，而你要做的只是依赖它并发出请求。

等你觉得自己不再需要钱的时候，钱就不请自来了。觉得需要钱是因为你认为自己的钱不够，所以就不断产生钱不够的想法。

你在不停创造，而一旦涉及钱，你的作品不是拮据就是富裕。

"我们的命运不是由外在力量决定的,而是掌握在自己手中。我们现在的想法和行动就决定了我们的将来。

"一旦你学会控制自己的所思所想,就能改变或改善自己的人生。"

克里斯丁·迪·拉森(1874—1962)

《你的力量及其用法》

越是害怕失去，失去的就越多。你的那些思想充斥着恐惧，如此下去，你最害怕的事情就会发生。

不要恐惧——只要思考自己想要的东西。这样感觉便会好很多！

真相会令你获得自由。世上所有的痛苦和折磨都源自那些不了解永恒宇宙法则的人。《秘密》中的法则已向世人昭示。证明给自己看吧,真相将会让你自由。

*信*念来自不断重复的思考——直到最后这种思考成为一种信念。信念是由你发出的一种恒频，也是我们最强大的力量，它通过吸引力法则能够创造我们的人生。而吸引力法则会对你的*信念*做出回应！

这就是为什么当你想要创造时必须提出请求并秉持*信念*，如此一来你的梦想就能成真。

你的本质是爱，你内心所蕴含的无穷的爱就是证明。每个人心中的爱都是无止境的，能付出的爱也是无限的。

爱的超然之力与吸引力法则之间能产生炽烈的火花——这是宇宙中最强大的吸引力。

如果一个人把注意力都集中在病痛上，那么无意间他就吸引了更多的病痛。另一方面，如果一个人将注意力都集中在健康上，那么吸引力法则就必须予以服从并制造健康。吸引力法则的原理在于，它是一种强大的工具，能召集我们体内的复原之力，并可以与现代医学技术完美结合。

要记住，如果我们没有复原之力，那就无法摆脱病痛。

如果你想要某样东西但内心深处又觉得这东西太大,无法立刻出现在自己面前,那么你就是拖延时间的罪魁祸首。你创造所耗费的时间长短,是由你对这件物品大小的观察所决定的。但宇宙中是没有尺寸或时间的概念的。一切早已存在于当下的宇宙意识之中!

"强烈的想法,或是长期的想法,会令我们成为回应别人思想波动的吸引中心。在思想世界中物以类聚人以群分,一如种瓜得瓜种豆得豆……"

"充满爱的人总能看到事物有爱的一面,并吸引其他人的爱。充满恨的人总会得到恨,总想着斗争的人在实现目标之前都会经历一番你争我夺。这样一来,每个人都是通过无线脑电波得到自己渴求的东西。"

威廉姆·沃克·阿特金森

(1862—1932)

《思想频率》

*你*一直勤快地给车加油,让它保持加满油的状态。那么你是否也时刻让自己沉浸在美好的思想和感受中呢?

只有用对了油并加满了油,你才能在人生的道路上任意驰骋。

每天你都会从宇宙那里接收到上千条信息。要学会留意宇宙的这种沟通方式，它每时每刻都在与你交流并指引着你。没有意外也没有巧合。所有的信号、语言、颜色、气味、声音、事件、情境，都是宇宙在和你交谈，而只有你才能明白其中的关联性，理解其中的含义。

运用你的双眼去观察！运用你的双耳去聆听！运用你所有的感觉官能，因为它们是你接收信息的沟通工具！

*记*得要记住意味着记得要留心。从现在这一刻开始就要记得留心。留心身边的一切就是观察身边的一切，聆听身边的一切，感受身边的一切，全身心地投入你正在做的事情当中。

大多数人得到了自己不想要的结果，是因为他们并未意识到自己只听到大脑中关于过去与未来的想法。他们甚至没有发觉自己沉迷于这些思想中，浑浑噩噩地度过人生的每一天。

当你记得要留心时，就会立刻变得留心起来。你记得要这么做！

渴望某些事物是与吸引力法则相契合的。你吸引自己渴望的东西。而需要是在误用吸引力法则。你无法吸引自己极其*需要*的东西,因为需要中包含了恐惧。那种"需要"反而令你得不到。

渴望一切,而不是需要一切。

创作步骤：

第1步——*请求*。这就意味着经过深思熟虑，你很清楚自己想要什么。记住在提出要求的那一刻，你所要的东西就已经存在于精神世界。请求是创作的主动阶段。

第2步——*相信*。这说明你的内心必须知道自己已经拥有了希望得到的一切。你的信念能将精神世界中的渴望转化为物质世界中的实物。相信是创作的被动阶段。

第3步——*得到*。如果你相信自己已经得到了想要的一切，那么你就会梦想成真。得到是创作的第三步，也是主动与被动相结合的完美产物。

创作与电池一样，正极是主动，负极是被动，只有两者完美结合你才能拥有力量。

幸福是一种状态，它来自你的内心。根据吸引力法则你必须内外相一致，这样才能得偿所愿。

你可以选择现在就快乐，或者寻找借口选择不快乐。然而对于吸引力法则而言，任何借口都是不存在的！

"我们不要只是被动地接收智慧,而必须依靠自己在历经风雨之后发掘智慧。"

马塞尔·普鲁斯特(1871—1922)

《追忆逝水年华》

我们无法预见全部的未来，但至高无上的宇宙之力能发现所有的可能性。就感情而言，你或许觉得某个人很适合你但其实并非如此。你想要和某人举案齐眉、幸福快乐、白头偕老，但如果宇宙发现你们在一起并不会快乐的话，它就不会把那个人带到你面前。

你只管请求和谐、快乐、友爱的关系，宇宙会替你找到完美的另一半——无论他们是谁。

掌控思想和情感最迅速的方法就是接受挑战。如果你的人生风平浪静，就不会出现相同的机会让你增强自己的实力，成为思想和情感的主人。

你将发现，即使是挑战，在卸下伪装的外衣后它也可能是美好的机遇。

当你不再受到自己情感和思想的牵制——当它们不再是你的阻碍时——你就能做自己的主人,你的整个人生就会发生转变。自此你便可掌控吸引力法则、你自己以及你的人生。

我们可以通过想象来运用健康的力量，想象自己吸进来的每一口空气都是纯粹、干净、光明的能量。想象自己的整个身体都充满了这种美丽、纯粹、光明的能量，体内的每个细胞都被照亮了，直到最后你容光焕发，如同一颗耀眼的星星。

我们就是一个微观世界，或者说是宇宙的微缩版，当我们了解了自己，就了解了整个宇宙。

柏拉图曾说："认识自己。"

最 美好的事就是能够随时随地了解自己。世界与人生不停地对我们的能量场做出反馈,而当我们开始创造新的能量场时(通过良好的思想与感受),周围的改变将是异常惊人的。

所有的付出和努力都是值得的,因为同宇宙和谐共处至为重要。

"大多数人无论在体力、智力、道德上，都只是很有限地开发了自己的潜力。一般而言，他们只利用了自己潜意识和精神资源的极小部分，如同四肢健全的人，只依靠自己的小指一样。重大突发事件和危机事件显示，我们的潜在力量比自己想象的要大得多。"

威廉姆·詹姆斯（1842—1910）

AS ABOVE SO BELOW AS WITHIN SO WITHOUT

*你*所有的力量之所以存于"当下"，是因为只有"当下"你才能产生新的想法以及体会新的感受。我们无法脱离当下做三十秒之后的思考，或者体会两小时之前的感受。我们只能思考**当下**。我们只能感觉**当下**。因此当下便是你力量最强大的时刻。

你的后半生正等着你！

国家的改变由每一个人开始。每个国家的状态都反映出其大量人口的内部和平或动荡，因此一个人的改变就会影响其余的人口。通过某个人内心的大爱与和平，人们就能拥有令国家产生巨变的力量。除非你的人生和睦健康，否则是无法为国家带来和平与幸福的。明白了吗？你无法付出自己没有的东西。

每个人要做的就是令自己的人生彻底和谐，如此一来他们便能成为最有利于国家与世界发展的礼物。

没有人注定要过贫穷的生活，因为我们每个人都有改变人生的能力。吸引力法则就是创造法则，它给了每个人创造自己人生的机会。尽管每个人的境遇不同，但所有人都有机会实现目标——并改变一切。

未来是由我们过去的思想、语言、行动所创造的。不论是好是坏,我们过去种下什么因未来就会得到什么果。我们过去的所思所想、一言一行都是影响未来的因素。

想创建美好的未来,就要尽量多产生好的想法,说好话,还要确保你的行动都是出于善意的。

你未来的成败在此一举。

无论你希望得到什么,不要去琢磨**如何**得到它。你只需向宇宙提出自己的要求,关注结果即可,想象自己已然拥有它,相信自己已然拥有它,懂得自己已然拥有它,并对现在拥有它表示感激。

你要做的就是发出渴望的振动频率,并让宇宙把这一切带到你的面前。

*你*独特的力量、友爱、快乐将会激励无数人。

追随你自己的路。追随你自己的纯粹。追随你自己的内心。追随你内在的喜乐，同时也让别人去追寻属于他们的人生，无论结果如何。学会发现所有事物美好的一面，每天让你的快乐与爱照亮整个世界。

"感恩不仅是最大的美德,还是其他所有美德的根源。"

马库斯·图留斯·西塞罗

(前106—前43)

*地*球目前的状态就是人类思想的集中反映。你所看到的不和谐现象就是人类内心不和谐的真实写照。地球与人类之间的联系是无法切断的。只要人类内心发生转变，世界也会随之而变。

　　一个人可以激励很多人，一传十，十传百，到最后数十亿人都会受到启发，如此一来我们便能为地球带来和谐。

仅仅了解《秘密》中的法则是不够的——你必须**运用**这些法则，持续不断地每天练习。让它们**融入**你的生活。慢慢地你就会掌控自己的思想与感受，进而主宰自己的人生。

没有什么比这更重要的了，因为你的全部未来都取决于你本人。

问问自己一天之内是不是积极的想法比消极的想法多。问问自己一天之内是不是善意、感恩、友好、赞美、关爱的言语多于消极的言语。问问自己一天之内是不是善意、感恩、友好、赞美、关爱的行为多于消极的行为。

每时每刻，摆在你面前的只有两条路。看在上天的分上，请积德行善。

如果有人对你恶语相向，就视而不见。不论外部世界发生什么，你都要保持内心的冷静与平和。

当你不管身处何种境况都能保持内心的平和与喜乐，你就能主宰一切。

懂 得无法从外部改变自己的世界是不是很棒？想要控制外界的感受是不可能的，因为要花费的精力太多了，而且按照吸引力法则那也是做不到的。

想要改变自己的世界你只需掌控内心的想法与感受，如此一来你的整个世界便会随之而变。

*记*住，假如你在批评，你就无法感恩。假如你在指责，你就无法感恩。假如你在抱怨，你就无法感恩。假如你在紧张，你就无法感恩。假如你在焦虑，你就无法感恩。假如你心情不佳，你就无法感恩。

感恩能够改变你的生活。你会让琐事阻碍自己转变或过上自己想过的生活吗？

"不论你是谁，不论发生什么事，只要快乐就好。庆幸自己今天能站在这里。你身处美好的世界中，所有的美好都等着你去发掘……知足常乐，你会一直快乐下去。你将会有更好的理由让自己快乐。你将会有越来越多的事物能让自己快乐。最重要的是拥有阳光的力量，尤其是人类的阳光。它能改变一切，转化一切，<u>重塑</u>一切，令一切变得美丽。只要快乐就能改变命运。你的人生即将开启新的篇章，全新的未来即将到来。"

克里斯丁·迪·拉森（1874—1962）
《快乐就好》

感恩是改变人生最简单最有力的方法。如果真心感恩，无论你去哪儿，无论你在做何事，你都能随时随地吸引自己想要的一切。事实上，没有感激，就不会有转变。人生的转变是和你的*感恩程度*成正比的。假如你感恩得少，你的人生转变就小。假如你感恩得多，你的人生转变就大。一切都取决于你自己。

*想*在绝大部分时间里保持幸福快乐是有可能的。你只需看看天真烂漫的孩子。你可能会说孩子们很自由,没有任何忧愁,但你也是自由的!你可以选择忧虑或快乐,你的选择决定了自己将会得到什么结果。忧虑会吸引更多的忧虑。快乐则会吸引更多的快乐。

父母帮助孩子积极面对人生最有力的方式就是为孩子树立正面的榜样，关爱他们。由于父母积极乐观，因此他们的孩子也会吸收所有的积极能量。

因为我们越来越积极快乐，所以身边的人都受到了我们的感染并视我们为榜样。

消极频率百害而无一利,因此你要把自己调整到积极的频率并与愿望相一致。想做到这一点,你必须从**全新的视角**看待人生中的每件事:你要用感恩的双眼,积极的双眼,只看到事物美好的一面。

请调整自己的视角并仔细地观察。人生何其美好。

记 得每天都要时刻留意自己的感受。留意自己体内的感觉并确保身体处于松弛的状态。一旦发现任何紧张感,就花点时间让情绪舒缓并放松自己的整个身体。你的目标就是让身心感到平和,因为那种频率能令你和谐地融入宇宙。

今天你是否设定了目标，还是打算让昨天的想法支配今天？以下这些话能帮助你做好准备。

今天所有美好的事物都会出现在我面前。

今天所有的愿望都会实现。

今天魔力和奇迹随时会诞生。

愿你度过有史以来最棒的一天！

"人不是命运的囚犯，而只是自己思想的囚犯。"

富兰克林·德兰诺·罗斯福

（1882—1945）

当一家人创作愿景板的时候，每个家庭成员*自愿*参与显得很重要。对每个人而言这必须是一件有意思的事情。每个成员可以选择自己想要的放到愿景板上，没有任何束缚。画图、剪纸、文字都可以。最兴奋的人每天会自动关注这块板，而他们的愿望也将能得以实现。给予的能量越多，愿望实现得越快。

燃烧着激情之火的心拥有巨大的吸引力。

当一辆车再也开不了的时候,我们很聪明地知道要以旧换新。我们交出旧车并换来新车继续自己的旅程。

更重要的是,当身体不再运作时,我们也知道要更新换代,以便继续人生之路。身体和车都是交通工具——你是永远的司机。

能量是无法被创造或摧毁的——它只能改变存在形式。

*想*想自己人生中所有美好的事物。现在是否意识到了是你自己把它们带进人生的？你的思想和感受移动了宇宙的能量，从而把美好的事物带给自己。

你是种强大的生物。

尝试改变某些人纯粹是浪费时间。改变某些人的想法说明他们本身不够好，这种想法充满了武断与反对。它没有感激或者爱的成分，只能拉大你和那个人之间的距离。

你必须寻找别人身上的闪光点。当你学会关注对方的美好时，你才能有惊人的发现。

你 要对自己发出的频率负责，而频率由你的思想、语言、感受以及行动所决定。当你的思想、语言、行动是基于爱、慈悲和善良的更高思想时，你的频率就会越来越高。你这一生真正要做的就是不断提升自己的频率。这是做任何事最基本的前提，因为你人生中出现的一切都是由你发出的频率决定的。一切皆是如此！

"世上本无所谓好与坏，思想使然。"

威廉·莎士比亚（1564—1616）

《哈姆雷特》

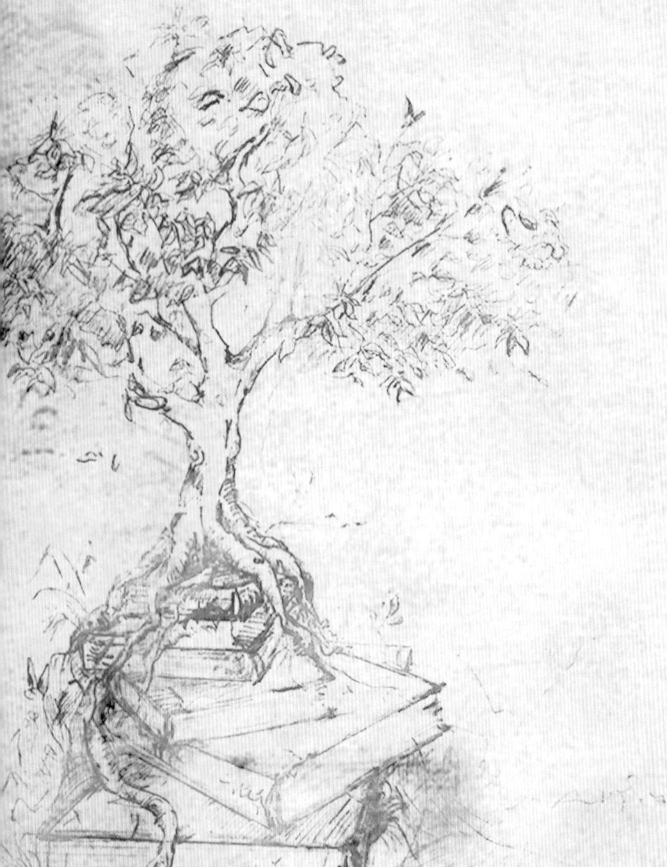

*确*定自己究竟想要什么。然后想象自己已然拥有了渴盼的一切。与此同时留意自己的愿望，注意观察自己的感受。当孩子玩过家家的时候，他们的想象过于逼真，以至于在不知不觉中投入了自己的情感。观察孩子玩耍的过程，你就能学会如何将宇宙法则的效用发挥到极致。

记住，吸引力法则并不知道你想象的一切是否真的存在，因此当你幻想自己愿望得以实现的时候，感受一定要逼真。一旦你开始觉得那是真的，那么一切都将变成现实并离成功不远了。

想要过上更幸福的生活，你就得成为一块幸福磁铁。只有幸福才能吸引幸福。想要成为幸福磁铁就得拥有幸福的感受，产生幸福的想法，待人接物都充满幸福感。想要感受强烈的幸福，就得尽自己最大的努力让别人幸福。

*你*所抵触的一切都会留在你身边，这就意味着你不想要的一切，都会被邀请到你身边。不如将激情都用在你*想要*的事物上吧，把它们带到自己的面前。

关注即为创造。富有情感地关注就是强有力的创造。

大多数人都没意识到自己在不想要的事物上花了多少热情。当你告诉朋友一个"糟糕"的情况时,你的热情都用在了自己不想要的事物上。当你消极应对一次事件,觉得它"糟糕透顶"时,你的热情也用在了自己不想要的事物上。

你是美好而热情的生物,因此请善用自己的热情。

*你*和吸引力法则是搭档，正是通过这个搭档你才能创造*你自己*的人生。其他人跟吸引力法则的关系也是如此，他们也在创造属于*他们*的人生。这就意味着你不能把自己的意愿强加在其他人身上。如果你试图强迫别人，那么就极有可能失去自由。

你不能在违背他人意愿的前提下使用吸引力法则。如果你深入思考这个问题,尤其是在感情方面,就只能得出一个结论:感谢上苍让吸引力法则不能强加于人。否则,别人就能自行决定你是他们的挚爱,将吸引力法则运用在你身上。他们不能这么做,你也一样。

你 的每一个善念，每一句善言，每一种好感，以及每一次善行都会提高你自身的频率，令你达到更高的境界。随着你频率的提高，崭新的人生与世界会出现在你眼前。你所发出的积极能量将会传递到地球的各个角落并影响每一个生物。

你将改善自我，与此同时，你将改善全世界。

我 们是进化的人类，随着不断成长我们的频率也在发生变化。两个人感情的终结是双方频率不同的*结果*。当彼此的频率不再一致，吸引力法则便会自动回应将两人分开。频率转变是成长，成长即为人生，而人生是美好的。

早晨拉开窗帘和夜晚拉上窗帘的时候你在想什么呢?早上穿鞋和晚上脱鞋的时候你又在想什么呢?要将宇宙的力量运用到这四种日常活动中,并由衷地感谢上苍:

"感谢你让我度过如此美好的一天!"

不论去哪儿你都可以提前把积极的力量融入自己的实际行动中，但你必须先想到这一点。做任何事之前，要先思考，想象完成后的你是那么快乐，又那么轻松。如此你便可大胆地去做。

积极的力量对你唯命是从——你所要做的就是召唤它们为自己的人生服务。

*明*确你自己的目标！如果你是真心希望摆脱消极思想并改变人生的话，这里有个简单的方法能帮你。每一天，坚持写下100件令你感激的事物。一旦你这么做就控制了自己的大脑并促使它*产生好的想法*。如果你每天都这么做，久而久之你就能左右自己的思想。

要竭尽全力控制自己的思想。一旦你能掌控自己的思想，就能成为自己的主人。

第319天

每当你坐进车里,记得花几秒钟想象自己心情愉悦地抵达目的地的情形。不论是什么样的旅行,不论使用何种交通工具,要记得有意识地运用宇宙的力量,创造美好安全的旅程。

*创*造的过程很简单，如果你觉得困难那只是因为你不相信。记住，一定要有信念才能实现梦想！如果大多数时间你是因为已经看到才相信的话，那就有点棘手。你需要反复训练自己的大脑。你要让大脑做到未见先信，而这样的信念就**是**实现梦想的途径。

"快乐并非源自事物,而是来自我们自己。"

威廉·理查德·瓦格纳

(1813—1883)

*和*孩子们一起创作梦想板并教他们如何想象。要让他们知道，必须相信贴在愿景板上的一切都已经成真。孩子们拥有丰富的想象力，那是他们的第二天性，你会从中得到极大的启发。

"像孩子一样信以为真。"这是两千多年来不变的真理。

如果你的频率不处于消极状态，那么任何人的消极思想都无法对你产生影响。你通过自己的思想和感受设定自己的频率，感觉越好，积极频率值越高，你的思想觉悟就越高。其他人的消极思想是无法达到你的境界的。

*要*控制*信念*，你只需将自己的思想、言语以及行动，从"不相信"变为*相信*。实现梦想的**唯一**障碍就是思想中的"不相信"、言语中的"不相信"，以及行动中的"不相信"，多于*相信*。

让你的思想、言语、行动以*相信*为基础，那么吸引力法则必然会遵从你的愿望。

"你回赠别人的使用价值要多于你从别人那里获取的现金价值。"

华勒斯·瓦特斯（1860—1911）

《变成有钱人法则》

记住，从别人那里获得金钱就一定要以更多的使用价值予以回馈。索取多于付出是人们缺少金钱、工作不顺、生意失败的主要原因之一。你的付出一定要多于你的所得——不论是工作、生意，还是人生的各个方面。

今天，你有没有感谢过大自然？

如果不是大自然不断地付出你就不会有机会存活于世。大自然赋予我们无限的氧气，让我们能够自由呼吸，它赋予地球足够的水资源令我们得以生存，另外，没有太阳的辛勤劳动，我们也不可能活下来。

这才是纯粹的付出！怎么会有人认为自己被这个世界遗弃了？

当你抵抗某种事物的时候，就是在将你不想要的东西拉进你的生活。抵抗的重点是在问题上，而且抵抗会吸引更多的抵抗。相反，你应该寻求创新并把所有的精力都集中在自己想要的结果上。创造的重点是在解决方案上。

要创新，不要抵抗。把精力集中在解决方案上，而不是问题本身。

"我认为懂得运用思考力量的人能够心想事成。"

"懂得运用思考的力量不仅能让身体服从大脑，而且，还能通过积极的想法，改变周围的环境、'运气'、境况。我知道'积极的态度'能让你走向成功，而这对于那些抱着'消极态度'的人而言显得那么不可思议。"

威廉姆·沃克·阿特金森

（1862—1932）

《我的工作信条》

你的人生是一个学习的过程——通过学习你会变得更加智慧。有时候为了学到重要的东西你不得不经历痛苦的失败,但失败过后你将拥有更大的智慧。智慧只能通过人生的历练获得——那是金钱无法买到的。拥有了智慧就拥有了力量、勇气、学识以及日益平和的心态。

如果你的心中没有爱,那就无法以人的身份生存。如果你将包裹自己的东西,一层一层剥开,最后剩下的就是由纯粹之爱构成的永恒意识之光。

在挖掘到自己的核心之前你的人生需要抽丝剥笋,而核心就是绝对的爱。

不论你做何感想,每一天你都在成长。没有人能倒退。你只能选择继续向前。

即使你认为现状没有一点好转,也要提醒自己——今天的你要比昨天的你成熟得多。

当你面临挑战、感到人生遇到挫折时，记住每件事的发生最终都是对自己有利的。发生什么不重要，重要的是我们如何把握机遇，如何看待机遇。

为了让更美好的事物出现，宇宙必须扫除一切障碍。改变正在发生，是因为美好的事物即将来临！

"**不**论我决定做什么，都能成功。"

这是绝对的真理，但关键是，*你相信吗?*

第334天

纯粹的爱没有任何条件或界限。爱不受束缚也不会有所保留。爱是不断地付出并不求任何回报。爱是连绵不绝且毫无限制的。而这样的爱就在你心中。

"不论遇到什么情况,我都选择微笑面对;根据以往的经验,我知道幸福或痛苦都取决于自己的性格,而不是环境。"

玛莎·华盛顿(1731—1802)

下决心要对今天接触的每个人说出至少一件令你感激的事情。接触的人越多越好。留心自己一开始的感受如何，等一天结束再特别留意自己的感觉有多棒。

将一周内的任意一天定为自己的感激日，坚持在每周的那一天，对接触的每个人说出至少一件令你感激的事情。随后观察自己的人生会发生怎样惊人的变化！

*地*球上的每个人都想要快乐。任何欲望的产生都是因为人们觉得这些欲望会让他们快乐。不论是健康、财富、爱情、物质、成就、工作，抑或其他任何事物，愿望的根本就是想要快乐。但要记住快乐是我们内心的一种状态，任何外在的事物都只能带来稍纵即逝的快乐，因为物质是无法永恒的。

永久的快乐来自你的选择。当你选择快乐时就会吸引所有快乐的事物。快乐的事物只是蛋糕上的糖衣，蛋糕才是真正的快乐。

如果你对某个消极的家庭成员有意见,就列出所有他令你感激的事情。记得要感谢他们让你对积极产生渴望,因为这是他们赐予你的礼物。由于你把所有的力量都集中在感激上,所以不仅减少了你消极的概率,同时还会吸引更多积极的人来到你的身边。

把自己调整到感激的频率上,吸引力法则就能让积极的人围绕着你。

如果想帮助健康有问题的人,你可以做些强有力的事情,即在脑中想象此人强壮、快乐、健康的样子。要想有效做到这一点,你得在脑中勾勒你和他在一起的景象,尽可能多地加入细节。想象你们彼此间说了什么,以及那个人在快乐健康的状态下的所作所为。反复重温这个情景,直到它在你心底扎根,如同真实场景一般。

虽然那个人的人生由他自己创造,但这么做可以对他们产生极大的帮助。

要相信自然的无穷之力。通过集中精神你可以随意支配这股纯粹的积极力量。然而,你必须与它同步,这就意味着你必须把精力都集中在积极的事物上。一旦你关注消极的事物,就会失去这股无穷之力。

自然的无穷之力是独一无二的,而且它只能用于积极美好的事物。

你 蕴含着一种品质。这种品质是从你出生那一刻起就与你相随的生命之力。这种品质是你存活至今的生命之力。它是一种不可思议的和谐、宁静、爱的综合体现，就在你的心里。想要感受这股生命之力并与之联结，你需要停下脚步，闭上双眼，保持放松，放空大脑，花几分钟时间全神贯注于自己的身体内部。

练习得越频繁，你体内纯粹的和谐、宁静、爱就会越多。

"要想令思想和心灵的发展达到极致，开朗的性格是必不可少的；性格越开朗、越快乐、越亲切，才能的开发就会越简单越迅速；开朗的性格之于才能就如同阳光之于花朵，这是不折不扣的事实。"

克里斯丁·迪·拉森（1874—1962）

《伟大的内在》

万一你想得到爱情和无比的快乐该怎么办？问题是**谁**能给你爱情和无比的快乐。你常觉得某个特定的人是你完美感情的最终人选。宇宙能预见未来，它知道这个人究竟是成就你的梦想还是成为你的噩梦。当你无法从某个人那里得到爱，或许会觉得吸引力法则没有作用。但事实并非如此。你最大的愿望是得到爱情和无比的快乐，所以宇宙就会告诉你："他或她不是合适的人选，别妨碍我，我正在努力把那个完美的伴侣带到你面前。"

一旦涉及"时间""地点""人物""方式"，就要格外小心，因为你很可能会妨碍自己实现愿望。

你的人生由你负责，在不埋怨自己的前提下，当你对自己过去所有的错误负责时，就证明你的意识已经转移，你发现了人生的真谛和吸引力法则。从这一刻起你就开始自动吸引应得的人生。

大多数人只在自己没有的情况下才想得到健康，但其实你随时都可以索取。每一天运用你意愿的力量想象自己健康安好的模样。

希望自己健康，也希望别人健康。

你 用自己意愿的力量创造未来。意愿就是现在决定将来的意识行为。基于你现在的意愿,健康、和谐关系、幸福、财富、创造力、爱,都将出现在你的未来。

每天一点意愿并就此构建未来。

当你阅读《秘密》这本书或观看《秘密》这部电影时,只能吸收与自己频率相同的知识。之后再读这本书或再看这部电影,吸收的知识就比之前要多得多。而且这个过程是永不停歇的。每次你阅读这本书或观看这部电影,都会发现更多的东西,其中的原理也会越来越清晰。这是因为你的观念*每一次*都在拓展。

今天，学会感谢。感谢你最喜爱的音乐，感谢让你感觉良好的电影，感谢连接你和别人的电话，感谢你的电脑，感谢照亮你生活的电力。感谢带你飞向世界各地的飞机，感谢协调交通的道路和交通灯。感谢所有的造桥工人。感谢你所爱的人，感谢你的孩子，感谢你的宠物，感谢令你能阅读此文的双眼。感谢你的想象力。感谢你能够思考。感谢你能够说话。感谢你有笑容。感谢你能够呼吸。感谢你还活着！感谢你的独一无二！

感谢是可以改变你人生的两个字，不停地重复这两个字吧！

感谢！感谢！感谢！

"没有比回报善意更有必要的责任。"

马库斯·图留斯·西塞罗

（前106—前43）

引力法则是严密、精确、万无一失的,因此当它似乎不起作用时,问题肯定不是出在法则上。问题只会出现在使用者本身。这是个好消息!走路不需要练习吗?开车不需要练习吗?只有通过练习,你才能走路,才能开车。

做任何事情,都需要练习。

人生这场游戏就是为了得到而创造有力的相信方式。不论你索求多么重大的事物，都要像*现在*已经得到一般立刻庆祝。

没有理由不在今天花几分钟时间为明天做打算。

要根据自己的愿望大胆地创新并付出强有力的行动。如果你想吸引完美的伴侣，就腾出自己的衣柜。如果你想吸引崭新的房子，就收拾现在的住所以便日后打包。如果你想旅行，就拿出行李箱，翻看目的地的照片，让自己沉浸其中。

思考一下有了愿望之后自己会做什么，然后采取创新行动让自己意识到愿望正在实现。

谢谢。谢谢。谢谢。谢谢。谢谢。谢谢。谢谢。

要想立刻改变现状，就连续说七次"谢谢"并用心去体会。

吸引力法则是精确的，当你得不到自己想要的结果时，只能说明你的方法用错了；本该带来你想要的，结果你却没有得到。但不管怎么样你依然在创造。

吸引力法则是万无一失的，它会一直回应你。

"我们所看见的一切都是我们所看不见的东西的投影。"

马丁·路德·金 (1929—1968)

《衡量一个人》

有效利用吸引力法则度过每一天，改变你的整个人生。如果你愿意，可以先从每周的某一天开始，把那一天变成一种习惯，几个星期之后再开始每周两天。找到适合自己的方法，最重要的是你采取行动了。

周一之积极想法日

每周一只产生积极的想法。为自己、为别人设想一切好的可能，拒绝一切不会产生积极想法的事物。周一刚开始就下定决心命令自己："今天要产生上千个积极的想法。"一般来说，人一天所产生的想法远远大于五万个，因此今天你有五万次机会。

周二之感恩日

每周二你需要不停地感恩，感恩，感恩。感谢天气，感谢衣服，感谢交通工具，感谢伟大的发明，感谢家，感谢食物，感谢床，感谢家人，感谢同事，感谢服务员，感谢健康，感谢身体，感谢眼睛，感谢耳朵，感谢所有的感官。尤其要感谢过去和未来的美好时光。最后，每个周二感恩日都如数感谢以上种种，如此一来你便在创造不可思议的人生！

周三之行善日

每个周三是你以善行填满宇宙银行账户的日子。给予身边的人鼓励。给予他人善意。给予你所遇到的人善言善语。给予多一点的小费。给予一份无须缘由的礼物。为别人开门。请某人喝咖啡或吃午饭。给予赞美。给予每个人微笑。给予为你服务的人一份关照。给予你身边的人全身心的关注。给予其他司机以善意。给予他人关爱,给他人让个座。找机会做好事,吸引力法则会让你的周三行善日无比充实。

由于你竭尽所能地去行善,因此宇宙会回应你,让周三变成到目前为止最棒的一天。

周四之谢谢日

每个周四你要尽可能地以各种形式表达并感受"谢谢"。列举所有你要感谢的人和事并答谢那些帮过你的人。每走一步路就在脑中说"谢谢"。开车停下的当口,就说"谢谢"。在这一天的不同时间段里,连续思考和感受"谢谢"七次。寻找每个说"谢谢"的机会,真心诚意地对别人表达谢意,令别人感受到这其中满满的情意。让每个周四都充满谢意,让"谢谢"主导你这一天的思想、感受、语言。

"谢谢"——这两个字的潜力是不可思议的,它们所需要的就是你通过表达将力量融入其中。谢谢!

周五之好感日

每周五是你利用并放大心中美好感受的日子。

今天你应该这样度过,要把注意力都放在自己的感受上。保持一整天只关注美好的体验。用更多美好的感受填满自己的心,让自己沉浸在美好的感受中。聆听自己最爱的歌曲。享用自己最爱的午餐。探访自己最好的朋友。做自己最爱的事情并让自己浑身上下都充满快乐,脸上始终洋溢着微笑。你将带着无限美好的感受轻松度过一整天。

周六之放松日

每周六是你的放松日,像孩子那样放飞自己的心情。去玩吧!高高兴兴地玩!今天是你狂喜的日子。

做那些令你愉快的事情。做那些让你大笑的事情。做那些使你欣喜若狂的事情。跳舞、唱歌、跳跃、吹口哨。就在今天庆祝你的人生!在玩耍、大笑、快乐的同时,你得到了放松。当你放松之后所有的消极情绪都被释放出来了。感觉越轻松,被释放的消极情绪就越多。周六就是你的放松日!

记住,人生是一场不会终结的游戏,而你会永远将其进行下去。

周日之美好日

每个周日花点时间回顾一下之前几天的成果,记住*所有美好的事物*。然后为下周做准备,预见*所有美好的事物*。

现在你可以休息了,因为你的创造很完美,**一切都是如此美好。**

你 正处于完美旅程中的理想之所。因为你的选择,所以现在的位置恰如其分。事实上,现在的你就是最完美的。

第365天

作者简介

朗达·拜恩为人所熟知是源于其制作的电影——《秘密》，全世界有数百万人看过这部影片。之后她撰写的《秘密》一书成为全球畅销书，被翻译成五十种文字，在世界范围内印刷出版了两千四百多万本。

《秘密》在《纽约时报》的畅销书排行榜上逗留了一百九十八个星期，并被《今日美国》称为过去十五年中最畅销的二十本书之一。

之后的她继续创新，于2010年和2012年分别出版《力量》以及《魔力》，这两本书也是《纽约时报》的畅销书。